すぐに役立つ

入門図解 最新 アパート・マンション・民泊経営をめぐる法律と税務

公認会計士・税理士 **北川ワタル**／行政書士 **服部 真和** 監修

三修社

本書に関するお問い合わせについて

　本書の記述の正誤、内容に関するお問い合わせは、お手数ですが、小社あてに郵便・ファックス・メールでお願いします。お電話でのお問い合わせはお受けしておりません。内容によっては、ご質問をお受けしてから回答をご送付するまでに1週間から2週間程度を要する場合があります。

　なお、本書でとりあげていない事項や個別の案件についてのご相談、監修者紹介の可否については回答をさせていただくことができません。あらかじめご了承ください。

はじめに

　アパートやマンションなどの不動産を活用して、賃貸経営でいかに利益を上げるかは、不動産を所有するオーナー様にとって重要な関心事といえます。アパート・マンション経営だけではなく、最近では、居住用に使用している家屋や投資目的で所有しているマンションなどを、インターネットを通じて観光客などに紹介し、宿泊施設として有料で貸し出す「民泊」という新しいビジネスモデルも注目を集めています。

　アパートやマンションなどの所有不動産を有効活用し、適切かつ安全に運営・管理するためには、法律や税金の知識が不可欠です。

　本書は、所有する不動産、特にアパートやマンションの経営をしているオーナー様や、民泊経営によって収入を得ようと考えている方を対象にした賃貸経営と民泊経営のための実務入門書です。

　賃貸経営については、契約の締結から解除および原状回復に関する法律知識、家賃不払いなどのトラブル対策までの基本事項を解説しました。

　民泊経営については、旅館業法、民泊新法（住宅宿泊事業法）などの民泊を規制する法律の知識から、ビジネスに適した物件かどうかの判断基準、マッチングサイトの活用方法、収益率向上のコツ、各種トラブル対策までをとりあげています。

　また、物件の取得や譲渡に関わる税金、所得税の計算と確定申告、相続時精算課税制度などの相続税対策、法人設立のメリットや法人課税、消費税の基礎知識や還付申告などについても解説しています。

　本書をご活用頂き、不動産経営に役立てて頂ければ、監修者としてこれに勝る喜びはありません。

　　　　　　　　　　　監修者　公認会計士・税理士　北川　ワタル
　　　　　　　　　　　監修者　行政書士　服部　真和

Contents

はじめに

第1章　不動産経営と関わる法律や税金

1. どんな法律が関係してくるのか　　10
2. 建物賃貸借の規制について知っておこう　　13
3. 不動産に関連する税金について知っておこう　　16
4. 固定資産税・都市計画税・不動産取得税とはどんな税金か　　18
   Q 平成29年度の税制改正で固定資産税の制度はどのように変わったのでしょうか。　　25

第2章　賃貸借契約をめぐる法律知識

1. 借家契約の種類について知っておこう　　28
2. 賃貸借契約において注意すべき点は何か　　31
3. 契約期間と更新に気をつけよう　　35
4. 敷金・礼金について知っておこう　　40
   Q 入居者をフリーレントで募集する場合、どんなことに注意すればよいでしょうか。　　44
5. 禁止事項について知っておこう　　45
6. 保証契約と家賃保証について知っておこう　　49
7. 特約や付随契約について知っておこう　　53
8. 重要事項説明書について知っておこう　　60

9 公正証書で契約書を作成することもある 62
10 仲介と管理方法について知っておこう 65
11 物件広告を出すときに注意すること 71
12 入居者を選別するときに注意すること 74
13 共益費・管理費をめぐる問題点について知っておこう 76
14 賃貸人の修繕義務について知っておこう 78
15 用法違反や目的外利用について知っておこう 81
16 入居者の自殺や行方不明にどのように対処すればよいのか 83
　Q 入居者がボヤをだした場合、入居者にどのような責任を問えるのでしょうか。 86
17 家賃について知っておこう 87
18 賃料改定をめぐる問題点について知っておこう 91
19 家賃のトラブルにはどんなものがあるのか 96
　書式 供託された家賃を受け取るときの通知書 98
20 家賃の不払いと契約の解除について知っておこう 99
　書式 家賃滞納による契約解除の通知書（内容証明郵便） 102
21 賃料を滞納している賃借人への督促の仕方 103
　Q 賃料の滞納を何度となく繰り返す借主をすぐにでも追い出したいのですが、即日退去してもらうことは可能でしょうか。 106

22 賃料の滞納と明渡し請求について知っておこう　107
23 正当事由と立退料について知っておこう　109
24 契約解除の手続きについて知っておこう　114
　　書式　解約後も居座る借主に立退きを請求する文書　115
25 原状回復について知っておこう　119
　　資料　賃貸住宅トラブル防止ガイドラインによる貸主・借主の負担区分　126

第3章　民泊ビジネスをめぐる法律と手続き

1 今、民泊ビジネスが注目されている　130
2 民泊を規制する法律について知っておこう　132
　　Q　国家戦略特区とはどのようなものなのでしょうか。住宅宿泊事業法が施行されるとどうなるのでしょうか。　139
3 ビジネスに適した物件かどうかをどのように判断すればよいのか　141
4 住宅宿泊事業法について知っておこう　145
　　Q　貸し出す部屋の種類と貸し出す部屋の範囲について教えてください。　150
5 旅館業法の許可手続きについて知っておこう　151
6 民泊のトラブル対応策について知っておこう　154
　　書式　地域住民との協定書　161
7 宿泊についてのマッチングサイトについて知っておこう　164

8	事業を開始する際のポイントについて知っておこう	173
9	民泊事業の収益化には何が必要なのか	176
10	民泊事業のターゲットをどこに置くか	180

第4章　物件の取得や管理に関わる法律と税金

1	物件購入時に関する法律問題について知っておこう	188
	Q 不動産投資目的で購入した物件に隠れた欠陥があった場合の責任を追及するにあたり、どのような形で民法の改正が影響するのでしょうか。	193
2	区分所有に関する法律には何があるのか	195
3	譲渡時の税金について知っておこう	199
4	事業用資産の買換え特例について知っておこう	203

第5章　所得税の計算と確定申告

1	家賃収入を得ると所得税などがかかる	208
2	税額計算の流れをおさえよう	212
3	不動産所得における収入・経費について知っておこう	218
4	有利な青色申告制度について知っておこう	221
5	各種届出について知っておこう	224
6	確定申告について知っておこう	226

| 書式 | 所得税確定申告書B（第一表） | 230 |
| 書式 | 所得税確定申告書B（第二表） | 231 |

Q 民泊ビジネスによる確定申告についての注意点を教えてください。　232

第6章　その他の税務知識

1 法人設立のメリットについて知っておこう　234

2 不動産管理会社について知っておこう　241

3 消費税の基本的なしくみについて知っておこう　246

4 アパート・マンション経営では消費税の還付を活用しよう　251

第1章
不動産経営と関わる法律や税金

どんな法律が関係してくるのか

民法や借地借家法、税法など様々な規制と関わる

● 利用者の権利・利益を保護するための規制がある

　土地や建物（アパートやマンションなど）といった不動産には一般に高い価値があります。また、土地や建物は人の生活や事業活動にとって不可欠です。そこで、土地・建物の取引については、他人の権利との利害を調整するため、あるいは居住者をはじめとする利用者の権利・利益を保護するため、様々な法律の規制があります。

　土地・建物については、売買、賃貸借、建築請負、抵当権設定、相続などが行われます。これらに関する基本事項は「民法」という法律に定められています。しかし、民法の決まりだけでは、多種多様な問題に十分な対処ができないため、民法が定める原則を修正する多くの特別法が定められています。

　2017年6月に民法改正が公布され、3年以内に施行予定です。今回の民法改正は、不動産取引（契約）などを定める第三編（債権）の改正が中心であるため、債権法改正と呼ばれています。民法改正により影響を受ける事項は、本書の中で随時言及していきます。

● 売買、賃貸借、民泊に関する法律

　アパート・マンション経営の典型的パターンは集合住宅の各部屋を賃貸する賃貸借です。土地・建物は生活や事業活動の重要な基盤になりますから、不動産賃貸借は他の賃貸借契約と区別して特に保護する必要があります。そこで「借地借家法」という特別法によって民法の原則を修正し、借主（賃借人）を手厚く保護しています。借地借家法では、借地権（建物所有を目的とする土地賃借権または地上権）また

は借家権（建物賃借権）については、貸主による一方的な解約を制限するなど、借主の権利が強化されています。

　アパート・マンション経営を行う際に、まず「建物や土地を取得することから始める」というケースもあるでしょう。

　不動産売買については、「農地法」や「宅地建物取引業法」（宅建業法）などによる規制があります。農地法は、耕作者の地位の安定、農業生産力の増進を目的として、農地の所有権移転または利用権設定や農地以外への転用について制限を加えています。宅建業法は、不動産購入者などの保護を目的として、不動産業者を規制する法律です。その他、限りある土地を合理的に利用するため、「都市計画法」や「国土利用計画法」などに基づく制限があります。また、欠陥住宅の販売を規制するために、「住宅の品質確保の促進等に関する法律」が制定されています。さらに、欠陥補償の確保を目的として、「特定住宅瑕疵担保責任履行確保法」が制定されています。

　また、マンションなどの集合住宅は、複数の居住者が敷地や建物の共用部分を共有する点で、通常の一戸建てとは異なるため、建物の管理や使用について居住者相互の関係を規律する必要があります。そこ

■ **不動産をめぐる法律**

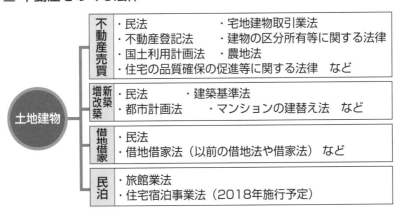

で、「建物の区分所有等に関する法律」(区分所有法)が制定されています。その他、「マンションの管理の適正化の推進に関する法律」(マンション管理適正化法)や「マンションの建替え等の円滑化に関する法律」(マンション建替え法)などの法律もあります。

なお、今後、ますます増加が見込まれる外国人旅行客の宿泊施設の受け皿として、民泊が利用されることが有力視されています。民泊は、原則として「旅館業法」の規制を受けるため、営業許可を受ける必要があります。しかし、旅館業法に定められた要件は厳しく、規制緩和の必要があることから、「住宅宿泊事業法」(民泊新法)が2018年より施行される予定です。

● 確認申請や検査などで必要になる関連法律

老後の収入確保といった目的で、所有する土地を有効活用するためにアパートやマンションなどを建築するケースがあります。建築物の建築にあたっては、その建築物が法令に沿って建築されているかを判断するために確認申請や検査といった手続きを経る必要があります。その際、「建築基準法」や「建築基準法施行令」の他にも、建築基準法施行令9条に定められた「建築基準確認規定」(消防法、駐車場法、水道法、下水道法、宅地造成等規制法、都市計画法、特定都市河川浸水被害対策法など)が確認申請や検査の基準となります。

他にも、「高齢者、障害者等の移動等の円滑化の促進に関する法律」(通称:バリアフリー法)や「高圧ガス保安法」も建築基準関係規定に含まれます。バリアフリー法では、高齢者、障害者などが利用する特定建築物の建築基準を規定しています。高圧ガス保安法では、高圧ガスを取り扱う建築物のガス設備に関する基準を規定しています。

建物賃貸借の規制について知っておこう

建物賃貸借では借地借家法、消費者契約法、区分所有法が重要

● 不動産賃貸借と民法・借地借家法の適用

　賃貸借（賃貸借契約）とは、賃貸人（貸主）が賃借人（借主）に目的物を使用・収益させ、賃借人が対価として賃料を支払う契約をいいます。DVDや本、自動車といった動産から土地・建物といった不動産までが目的物となるため、日常生活や事業活動の中で賃貸借は広く利用されています。このうちアパート・マンション経営と関係するのは不動産の賃貸借で、主な法律は民法と借地借家法です。

　賃貸借契約の効力、当事者の義務、解約、敷金などの事項は、社会で生じる問題についての基本的なルールを定めた「民法」に規定が置かれています。賃貸借契約についての民法の規定は借地契約・借家契約にも共通して適用されます。

　もっとも、民法は動産を含めた賃貸借契約に共通する事項を定めたにすぎず、借地借家をめぐる法律関係については「借地借家法」が中心に適用されます。特に、民法の規定だけでは賃借人が十分な保護を受けることができない状況にあるので、借地借家法により民法の原則が変更されており、賃借人が強力に保護されています。たとえば、賃貸人は「正当な事由」がないと契約更新を拒絶できないといった規定があります。このように民法の規定を修正して、賃借人を手厚く保護する役割を果たしているのが借地借家法です。

　居住用・営業用を問わず、建物の賃貸借（借家権）や建物所有目的の土地賃貸借（借地権）には、借地借家法が適用されます。民法にも賃貸借に関する規定がありますが、これらの賃貸借については、借地借家法が優先的に適用されます。不動産の賃貸借契約で借地借家法が

第1章　不動産経営と関わる法律や税金　13

適用されないのは、一時的に建物を使用する場合、建物を所有する目的のない土地賃貸借などに限られます。

なお、現在の借地借家法は平成4年8月1日から施行されていますが、それより前に締結された契約については、以前に施行されていた「借地法」と「借家法」が適用されます。借地借家法のことを新法、借地法や借家法のことを旧法ということもあります。現在の借地借家法と以前の借地法・借家法では、存続期間や契約の更新方法などに違いがあります。

● 消費者契約法により借主は保護される

消費者契約法は一般の消費者と事業者が契約する際に、消費者に不当に不利な契約が結ばれないようにするためのルールを定めた法律です。そして不動産の賃貸借契約は、通常、事業として賃貸業を営む貸主（賃貸人・地主）と、一般人である借主（賃借人）が結ぶ契約ですから、賃貸借契約についても消費者契約法が適用されます。消費者契約法の施行日は平成13年4月1日ですから、この日以降に設定・更新した契約については消費者契約法が適用されています。

通常のアパートであれば契約期間は2年とされることが多いので、

■ アパートなどの借家契約に関わる主なルール

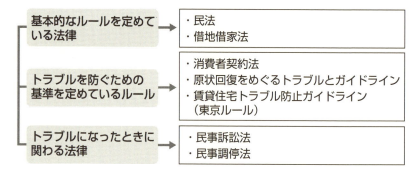

すでに多くの借家契約は消費者契約法の対象になっているといえるでしょう。消費者契約法により信義則（相手の期待を不当に裏切るような行動をしてはいけないという法原則のこと）に反して消費者（借主）の利益を一方的に害する特約は無効となります（消費者契約法10条）。アパート経営を行う事業者と借主が結ぶ賃貸借契約についても、契約全体が無効になるとは限りませんが、消費者契約法の適用により、借主に一方的に不利になる契約条項は無効とされる可能性があります。裁判では、消費者を不当に扱う原状回復義務の特約条項などが無効と判断されています。

● マンションの賃貸の場合、区分所有法も関わってくる

資金がないために、アパートのオーナーになって各部屋を賃貸してアパート経営を行うことが難しい場合でも、ワンルームマンションの一部屋を購入し、購入した部屋を賃貸して賃貸収入を得るといった投資をすることができるケースはあります。マンションのような共同住宅については、区分所有法が共同利益を侵害する行為の禁止（区分所有法6条1項）などの規制を置いています。区分所有法の規定は区分所有者（購入者）だけでなく、区分所有者から部屋を借りている賃借人にも適用されるため、ワンルームマンション投資を行う場合には区分所有法の規定にも注意する必要があります。

■ 借家契約に関する借地借家法の修正

	民法の原則	借地借家法の修正
契約の存続期間	最長20年※ 1年未満でも可能	20年を超える借家契約も有効 1年未満は期間の定めなしとみなす
契約満了と更新	契約期間満了で 終了（更新も可能）	貸主による更新拒絶の制限 （正当事由の検討）
第三者に主張する条件	借家権の登記	借家の引渡し（住んでいること）

※ 民法改正の施行後は最長50年となる。

3 不動産に関連する税金について知っておこう

様々な税金がかかり、金額も大きい

● 取得段階でかかる税金

　不動産を取得すると、不動産取得税、登録免許税、印紙税など様々な税金の支払いが必要です。

　不動産取得税は、不動産を取得することができる＝税金の負担能力があるとみなされることで課されます。納付先は国ではなく都道府県になります。登録免許税は、不動産を持つこと、あるいは持ち主が変わったことで課される税金です。また、契約書や領収書などの一定の文書には、印紙税がかかります。登録免許税・印紙税は国に納められます。さらに、不動産の譲渡には消費税も課税されます。ただし、土地の譲渡については政策上の理由で非課税となります。課税対象となる金額が大きいので、支払う消費税額も大きな負担となりますが、事業者ではない個人間の中古建物の売買であれば消費税はかかりません。

　なお、不動産の取得方法には売買契約に基づく譲渡の他、相続、遺贈、贈与などによるものがあります。このうち、遺贈というのは、遺言によって遺産の全部または一部を譲与すること、また、贈与というのは、自分の財産を無償で相手に与える契約のことを指します。相続や遺贈によって不動産を取得した場合には相続税、贈与によって不動産を取得した場合には贈与税の課税対象となります。

● 固定資産税の対象になるものとは

　固定資産税は一定以上の評価額を持つ資産を保有していることに対して課せられる税金です。不動産も課税の対象となり、その不動産が都市計画区域内（22ページ）にある場合は都市計画税の課税対象にも

なります。当然ながら、居住するために入手した土地や住宅に対しても課税されるわけですが、住宅用地を取得した場合や一定の住宅を新築または改築した場合には、軽減措置が設けられています。この軽減措置を受けるためには、原則として、住宅の延べ床面積（物置や車庫、マンションの共用部分などを含む）が50㎡以上あり280㎡以下であることが要件になります。なお、長期優良住宅に認定されると、さらに減額期間が優遇されることになります。

譲渡所得や不動産所得が発生する場合

不動産を取得したときよりも高い価格で処分した場合、売却益が発生します。この売却益は譲渡所得（199ページ）として所得税の課税対象となりますが、軽減措置を受けられる場合があります。

自分が所有している不動産を他人に賃貸して得た家賃や賃料収入が、不動産所得です（209ページ）。不動産所得のうち課税の対象となるのは、賃料収入などから必要経費を差し引いた部分を基礎として、そこから一定の所得控除を差し引いた金額です。

■ 不動産の取得・保有・処分と税金の種類

不動産の課税（資産を多く持っているほど、資産価値が高いほど課税額が高くなる）

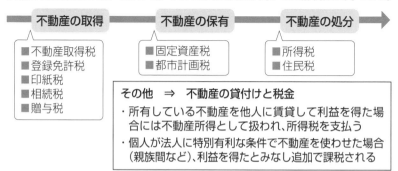

固定資産税・都市計画税・不動産取得税とはどんな税金か

かかる税金の金額や特例を把握して経営に臨むようにするとよい

● 固定資産税とは

　毎年1月1日現在、土地、家屋などの不動産、事業用の償却資産を所有している人が、その固定資産の評価額を基に算定される税額を、その固定資産の所在する市町村に納める税金です。固定資産税は、固定資産の価格である固定資産税評価額に一定の税率1.4％（標準税率）を掛けて求めます。

　固定資産税は土地や家屋に対して課税される他、事業用の償却資産に対しても課税され、特に償却資産税とも呼ばれます。固定資産税の課税対象となる償却資産とは、土地・家屋以外の事業の用に供することができる資産をいいます。なお、自動車は別途自動車税が課税されるため、対象にはなりません。市町村内に事業用資産を所有している者は、毎年1月1日現在の所有状況を1月末日までに申告する必要があります。土地は土地登記簿、家屋は建物登記簿によって課税対象の把握ができますが、償却資産についてはこれに相当するものがないため所有者の申告が義務付けられています。固定資産税評価額は、国（総務大臣）が定めた「固定資産評価基準」に基づいて市町村が決定します。評価額は、土地については公示価格の70％程度（時価の50～60％）、建物については建築費の50～70％程度が一般的です。評価額は原則として3年ごとに見直し、評価替えが行われます。

● 固定資産税は誰が納めるのか

　固定資産税は土地や建物といった不動産を所有していることに対して課せられる税金です。したがって納税義務者は不動産の所有者とい

うことになります。毎年1月1日にその不動産の所有者に対して納税通知書が送付されます。1月1日の翌日である1月2日に不動産を手放したとしても、1月1日に不動産を所有している限りその年1年間の固定資産税の全額を支払う義務があります。土地や建物を複数人で所有している場合、所有者全員が共同で固定資産税を納付する義務があります。したがって所有者の中に固定資産税を支払わない人がいた場合には、他の所有者に支払われていない分の固定資産税を納税する義務が生じます。

分譲マンションなど、区分所有建物の敷地は、建物の区分所有者が専有面積に応じて共有する形がとられています。このような場合でも区分所有者全員で連帯して納税する義務を負っているのが原則です。しかし、以下の2つの要件を満たす場合には連帯して納税する義務は負わず、自分の持分に応じた税金を支払えばよいことになっています。
・区分所有者全員が敷地を共有していること
・敷地と建物の専用部分の持分割合が一致していること

● 固定資産税の特例

固定資産税は市町村に対して納付し（東京23区は都税）、税額は以下のように計算されます。

土地の場合：課税標準額×1.4%

建物の場合：建物課税台帳に登録されている金額×1.4%

固定資産税の税率1.4%は標準税率であり、各市町村は条例によってこれとは異なる税率を定めることができます。

また、一定の要件を満たす場合、以下の①住宅用地の特例、②新築住宅の特例のように、固定資産税を減額する特例の適用を受けることができます。他にも、耐震改修をした場合の減額、バリアフリー改修をした場合の減額、省エネ改修をした場合の減額といった特例が用意されています。

① 住宅用地の特例
　通常の住宅用地では、小規模住宅用地（200㎡までの部分）の場合は、固定資産税評価額の6分の1、一般住宅用地（200㎡を超える部分）については3分の1と、特例により固定資産税が軽減されています。つまり更地にするよりも、建物を残しておく方が、税金が少なくなるわけです。ただし、固定資産税の取扱いにおいても、空き家の発生を抑制するための措置が講じられています。具体的には、空き家等対策の推進に関する特別措置法（空き家対策特別措置法）による勧告の対象となった空き家等に係る土地については、住宅用地に係る特例の対象から除外されることになっています。特例から除外された場合、固定資産税は最大で6倍となります。もし空き家状態で置いておくの

■ 固定資産税の計算式と特例 ……………………………………

〈 固定資産税額の計算式 〉
固定資産税額＝固定資産税課税標準額×1.4％
- 一般住宅用地（200㎡を超える部分）に関する特例
　固定資産税評価額×$\frac{1}{3}$
- 小規模住宅用地（200㎡以下の部分）に関する特例
　固定資産税評価額×$\frac{1}{6}$
- 新築住宅の税額軽減
　新築住宅で50㎡以上280㎡以下のものは、3年間（3階建て以上の耐火建築住宅は5年間）一定面積（120㎡）に対応する税額を2分の1に減額
- 耐震改修の税額軽減
　昭和57年1月1日以前の住宅について一定の耐震改修工事をした場合、2分の1減額
　減額期間
　イ 当該住宅が通行障害既存耐震不適格建築物であった場合→2年間
　ロ 上記イ以外の場合→1年間
- 省エネ改修をした場合の税額軽減
　平成20年1月1日以前の住宅について一定の省エネ改修工事をした場合、翌年分の税額を3分の1減額（3分の2に減額）

であれば、定期的に清掃や修繕を施すなどして、管理を怠らないようにする必要があります。

② **新築住宅の減額**

新築住宅が一定の要件を満たす場合に、家屋の固定資産税が2分の1に減額されます。なお、居住部分が120㎡までのものは、全部が減額対象になりますが、120㎡を超える場合には、120㎡に相当する部分だけ減額対象になります。減額期間は、3階建て以上の耐火・準耐火建築物である住宅（マンションなど）は5年、それ以外の住宅（一戸建て住宅など）は3年です。居住用部分の床面積50㎡以上（賃貸住宅の場合は各室が40㎡以上）280㎡以下であることが要件となっています。

③ **耐震改修をした場合の減額**

平成18年1月1日から平成30年3月31日までに、昭和57年1月1日以前の住宅について一定の耐震改修工事をした場合には、一定期間、その住宅にかかる固定資産税を2分の1に減額するものです。この減税適用を受けるためには、耐震基準に適合した工事であることの証明も必要です。

④ **省エネ改修をした場合の減額**

平成20年1月1日に存在していた住宅（賃貸住宅を除く）について

■ 都市計画税の税率と特例

税率	土地	課税標準額×0.3%
	建物	建物課税台帳に登録されている金額×0.3%
特例措置		住宅用地については、課税標準額を以下のように軽減 ・住宅1戸あたり200㎡までの住宅用地については価格の3分の1を課税標準額とする ・200㎡を超える部分についても価格の3分の2を課税標準額とする

※上図の税率「0.3%」は東京23区を基準とした税率。市区町村によって軽減されているケースはある（たとえば、新潟県三条市では平成29年度の都市計画税の税率は0.2%とされている）

第1章　不動産経営と関わる法律や税金

平成20年4月1日から平成30年3月31日までの間に、一定の省エネ改修工事をした場合には、工事が完了した翌年度分の固定資産税のうち3分の1を減額するものです。なお、必ず現行の省エネ基準に適合した改修であることが求められます。

● 都市計画税とは

　都市の整備に充てるための財源として徴収する地方税です。都市計画法という法律に基づく市街化区域内の土地や家屋に課税されるものです。課税の対象となるのは、毎年1月1日現在で都市計画法に基づく市街化区域内の土地や家屋の所有者として固定資産課税台帳に登録されている人です。都市計画税の税額は、固定資産税評価額に一定税率を掛けて算出し、固定資産税と同時に市区町村に対して納税します（東京23区は都税）。都市計画税は6月、9月、12月、2月と、年4回に分けて納めます。都市計画区域内でなければ、課税されないのですが、都市計画区域は、ほとんどすべての自治体で導入されています。税率と都市計画税についての特例措置は前ページ図のようになります。

　固定資産税と異なり、都市計画税の税率は0.3％を上限として各市町村で異なる税率を定めることができます。この都市計画税についても特例があります。住宅の敷地の用に供されている土地で、小規模住宅用地（200㎡までの部分）については、課税標準額が3分の1に減額されます。また一般住宅用地（200㎡を超える部分）については、課税標準額が3分の2に減額されます。

● 不動産取得税とは

　ここでは、アパートやマンションを新たに取得した場合にかかる税金について見ていきます。不動産取得税は、不動産（土地や建物）を買った場合や建物を建てた場合に、その土地や建物を取得した人に対して課される税金です。たとえ取得した土地や建物が登記されていな

くても、不動産取得税の課税対象となります。毎年納税する必要のある固定資産税や都市計画税とは異なり、不動産取得税は新たに不動産を取得した時の1回だけ税金を納めます。

　不動産取得税が課税される場合に基準となる不動産の価格は、実際に購入した価格ではなく、固定資産課税台帳に登録されている価格です。ただ、新築の建物の場合など、この固定資産課税台帳に価格が登録されていない場合があります。そのような場合には、都道府県知事が価格を決定することになっています。この計算は、国（総務大臣）が定める固定資産評価基準に基づいて行われます。

　不動産取得税の具体的な金額については、取得した不動産の価格（課税標準額）に税率を掛けて算出されますが、実際には一定の建物については一定の期間にわたり税額を優遇する特例が適用されます。

● 税率や課税標準と主な軽減措置

① 税率や課税標準

　不動産取得税の税率は本来4％ですが、土地・家屋の取得時期に応じて一時的に税率が軽減されています。具体的には、平成20年4月1日から平成30年3月31日までに取得する不動産にかかる不動産取得税は、土地および住宅用の家屋については3％、住宅以外の家屋につい

■ 不動産取得税の内容と税額の算出方法

内　　容	不動産を購入した場合や建物を建てた場合に、その土地や建物を取得した人に課される税金。毎年納税するのではなく、取得時の1回だけ納税する。
算出方法	取得時の固定資産課税台帳登録価格 × 税率 （ただし、軽減措置あり）
税　　率	平成20年4月1日から平成30年3月31日までに取得した場合の税率は以下の通り 　・土地、住宅用家屋 ➡ 3％　・住宅以外の家屋 ➡ 4％

ては4％とされており、土地と住宅用家屋について、本来の税率より1％軽減されることになります。税率を掛ける土地・家屋の価格（課税標準額）は、原則として、取得時の固定資産課税台帳に登録されている価格です。しかし、宅地等の土地については、平成30年3月31日までに取得した場合は、課税標準額は、固定資産課税台帳に登録されている価格の2分の1になります。

② 不動産取得税がかからないケース

　土地の場合で、課税標準額が10万円未満のときは、不動産取得税はかかりません。また、新築、増築、改築による家屋建築の場合は課税標準額が23万円未満のとき、売買、贈与、交換などの方法で取得した家屋の場合は12万円未満のときには税金がかかりません。なお、不動産を相続によって取得した場合も、不動産取得税は非課税になります。

③ 主な軽減措置

　不動産取得税についても一定の要件を満たす場合には特例が適用されます。たとえば、新築住宅を建築または購入により取得した場合、「特例適用住宅」の基準を満たすと、課税標準額から1200万円が控除されます。特例適用住宅の基準は、住宅の床面積が50㎡以上240㎡以下（ただし、貸家である共同住宅の場合は貸室1室につき40㎡以上240㎡以下）というものです。

　この特例が適用される住宅用家屋が建っている土地についても、不動産取得税に対する一定の軽減措置が設けられています。また、耐震基準に適合している中古住宅である「耐震基準適合既存住宅」を取得した際も、課税標準額から一定額が控除されます。控除額は中古住宅が新築された時期に応じて定められており、最大1200万円の控除を受けることができます。

　この特例を受けるためには、中古住宅が新耐震基準に適合していること、居住のために取得したものであること、床面積が50㎡以上240㎡以下であることなどの要件を満たす必要があります。

平成29年度の税制改正で固定資産税の制度はどのように変わったのでしょうか。

 平成29年度の税制改正において、固定資産税の制度については複数の改正が行われました。主な改正点としては、以下のようなものが挙げられます。

① **居住用超高層建築物にかかる課税の見直し**

タワーマンションなどの居住用超高層建築物では、部屋が高層階であるほど売買価格（時価）が高くなります。しかし、各部屋の固定資産税については、建物全体の固定資産税の額を床面積で按分するため、高層階でも下層階でも床面積が同じであれば基本的には変わりませんでした。このような状況に対して以前から不公平感を訴える声がありました。そこで、平成29年度税制改正では、固定資産税の負担の不公平を是正するため、高さ60mを超えるタワーマンションにおいては高層階の負担率を高く、低層階の負担率を低くする見直しを行いました。具体的には、これまでタワーマンション全体の固定資産税の額を単純に「専有部分の床面積」によって各戸に按分していましたが、改正後はこの「専有部分の床面積」を「階層別専有床面積補正率」で補正することになります。また、天井の高さや付属設備等についても住戸間で著しい差が生じている場合は、その差に合わせた補正が行われます。改正の対象となるのは、建築基準法令上の「超高層建築物」のうち、複数の階に住戸が所在している建物です。また、適用時期は平成30年度より新たに課税されることになる居住用超高層建築物からということになります。なお、固定資産税および都市計画税の他、不動産取得税についても同様の見直しが行われています。

② **被災代替家屋等の特例**

震災等によって滅失、損壊した家屋等の代替として、被災者生活再建支援法が適用された市町村において家屋等を取得した場合、4年間

にわたり固定資産税等が2分の1に減額される措置が新設されました。この特例は、震災等が発生した年から4年が経過する3月31日までの間に取得した家屋等について適用されます。なお、前述した代替家屋等にかかる都市計画税についても、固定資産税と同様に4年間にわたり税額が2分の1に減額されます。この改正は、平成28年4月以降に発生した震災等により代替家屋等を取得した場合に適用されます。

③ 被災住宅用地の特例の拡充

　住宅が震災等によって滅失、損壊した土地について、その土地が被災市街地復興推進地域内にあって、住宅用地として使用できないと認められる場合に、震災等の発生後4年間は固定資産税等に限り住宅用地とみなす措置が講じられました。この措置は、都市計画税についても同様に適用されます。これは従来2年間であった減額期間を4年間に拡充する改正となっています。この改正は、平成28年4月以降に発生した震災等による被災住宅用地に適用されます。

■ その他の平成29年度税制改正での改正点（抜粋）………

- 企業主導型保育事業にかかる固定資産税の課税標準について、最初の5年間は一定割合（3分の1以上3分の2以下の範囲内で市町村が定めた割合）を乗じた価格とする措置（平成29年4月から平成31年3月まで）
- 事業所内保育事業等にかかる固定資産税の課税標準について、一定割合（3分の1以上3分の2以下の範囲内で市町村が定めた割合）を乗じた価格とする措置（平成30年度以降）
- 緑地管理機構が土地を所有するか、または無償で借り受けることで市民公開緑地を設置する場合、この市民公開緑地にかかる固定資産税の課税標準について、最初の3年間は一定割合（2分の1以上6分5以下の範囲内で市町村が定めた割合）を乗じた価格とする措置（平成31年3月まで）
- 心身障害者を多数雇用する事業所が助成金を受けて取得した施設に対する特例措置を2年延長

第2章

賃貸借契約をめぐる法律知識

借家契約の種類について知っておこう

最近は定期借地契約の利用も増えてきている

● 借家契約では借地借家法が適用される

　借家契約とは、建物の賃貸借契約です。借家契約においては、家賃、賃貸借の目的、契約期間（存続期間）、転貸の有無といった事項を規定しておくことが重要です。借家契約は長期間にわたるものですから、貸主と借主の間の双方の信頼関係を基礎として成立します。貸主は、借主に建物を使用・収益させる義務を負います。一方、借主は、家賃（賃料）を支払い、契約で定めた用法に従って善良な管理者としての注意（借主として通常期待されている程度の一般的な注意義務）をもって使用しなければなりません（善管注意義務）。借家契約については、借主保護のために民法に優先して借地借家法が適用されます。

① 　借家契約の存続期間

　法律上は貸主と借主の間で自由に決めることができるという建前がとられています。ただし、居住用の借家契約は存続期間を2年とすることが多いようです。なお、1年未満の期間を定めて契約した場合には、存続期間の定めがない契約とみなされます。

② 　借家契約の更新

　借主を保護するために借家契約は更新されやすいようになっています。契約上の存続期間が満了しても、期間終了の1年前から6か月前までに貸主から借主に更新拒絶の通知をしていなければ、期間の点を除き、従前の契約と同一の条件で更新したものとみなされます（法定更新）。期間については、存続期間の定めがない契約となります。

　一方、貸主が更新を拒絶するには、貸主の側に正当な事由（正当事由）があることが必要です。正当事由の判断は、借主に不利にならな

いように、建物を使用することが必要であるといった事情を中心に考慮され、「従前の経過」「建物の利用状況や現況」「財産上の給付をする旨の申出」（立退料の支払申出）なども考慮されます。

③ 借家契約を主張する条件

借主が、借家契約の存在を第三者に主張する場合、本来であれば賃借権そのものを登記することが必要ですが、この登記は貸主の協力がないとできないため、実際にはあまり行われていません。そこで、借地借家法により、賃借権の登記をしていなくても、借主が建物の引渡しを受けて居住していれば、第三者にも借家権を主張できるというしくみがとられています。

④ **定期借家権**について

借地借家法では、更新のない建物賃貸借が認められています。これを定期借家契約（定期建物賃貸借契約）といいます。定期借家契約においては、契約の更新がないことを、公正証書などの書面によって明らかにしなければなりません。

● 定期借家契約を利用する際の注意点

定期建物賃貸借とは、賃貸人が賃借人に対して一定期間建物を賃貸した場合において、期間終了後は契約の更新をしない旨を定めた契約をいいます（38条1項）。期間満了後は確実に建物の返還を受けることができるというメリットがあります。また、通常の建物賃貸借と異なり1年未満の期間を定めることも可能です。

定期建物賃貸借は、期間を定めるだけでは足りません。一定の契約要式が定められています（38条1項〜3項）。

具体的には、①期間の定めがあること、②書面によって契約すること、③契約の更新がない旨を定めること、④あらかじめ賃借人に対し、この建物賃貸借は契約の更新がなく、期間の満了により終了することについて、書面を交付して説明していることが必要です。また、通常

の契約と異なり、「期間中は賃料の減額を請求しない」あるいは「毎年賃料を１％増額する」という賃料改定特約を締結することができます（38条7項）。必要に応じて検討するとよいでしょう。

　なお、契約期間が１年以上の場合は、期間満了の１年前から６か月前までに建物賃貸借が終了する旨を通知しなければなりません。これより遅く通知すると、通知した日から６か月後に建物賃貸借が終了します。トラブル防止の観点から、契約締結時に取り交わす定期建物賃貸借契約書の契約条項に入れておくのもよいでしょう（38条4項）。

● 終身建物賃貸借契約とはどのような制度か

　終身建物賃貸借契約は、高齢者が賃貸住宅に安定的に居住することができるしくみとして、「高齢者の居住の安定確保に関する法律」によって設けられた制度です。入居者の資格は居住するための住宅を必要とする60歳以上の高齢者です。

　認可を受けた賃貸住宅は、借地借家法の特例として、高齢者が終身にわたって賃貸住宅を賃借する契約を結ぶことができます。また、賃借人が生存している限り契約は存続し、死亡した時点で契約は終了します。なお、賃借権（借家権）は相続されません。本制度の適用を受ける賃貸事業者は、地方自治体の認可を受けて、終身建物賃貸借事業を実施することができます。認可には設備面の基準として段差のない床や、トイレ・浴室等への手すりの設置などが求められます。

　終身建物賃貸借契約の入居者のメリットとしては、バリアフリー化された住宅に住むことができ、契約期間は終身にわたるため、安心して暮らすことができるという点が挙げられます。賃貸業者のメリットとしては、入居者が死亡した場合に原則として契約が終了するので、賃貸借契約の相続などの手続きが不要になり、相続人への立退料の支払いを回避できるという点があります。また、入居者が長期間住むことになるため、安定した収入が得られます。

賃貸借契約において注意すべき点は何か

証拠になるものを確保しておく

● どんな書類が必要なのか

　一般に、貸主はトラブルを予想して賃貸借契約書を作成しているのであまり問題はありませんが、後々借主との間でトラブルを避けるためにも、必要な証拠書類はきちんと保存しておきたいものです。書面や写真などを保管しておけば万が一の場合にも証拠を提出することによって自分の立場と権利を守ることができます。証拠の例としては、①賃貸借契約書、②賃貸家屋内部の写真やビデオ、③修繕費用の見積書や請求書、④事の経緯を明記した書類があります。

　まず、賃貸借契約書は契約に関しての基本的資料です。貸主・借主にとって、もっとも重要な書面といえます。万が一手元にないような場合には、少なくとも契約年月日、契約期間（存続期間）、借主の住所・氏名、賃料額、賃貸物件の所在地、借主から受領した敷金額といった事項を明記した書類を探しておく必要があります。

　契約終了後の原状回復に際して、敷金からの差引額をめぐってトラブルになることがありますから、契約締結時に、後に修理や修繕が必要になると予想される箇所について家屋の図面に記載し、さらに写真やビデオで撮影しておくのがよいでしょう。写真やビデオも後々のトラブルに備える有効な証拠として使えますから、ぜひ活用するようにします。貸主は、できれば入居前に室内の状況がわかるよう写真や映像に残しておき、その上で、借主の退去時に修理の有無が問題になりそうな箇所を、入居時の写真や映像と照らし合わせて撮影しておくことをお勧めします。この撮影は借主立会いの下でできればそれがベストです。

● 契約書を作成する上での注意点

　賃貸借契約は、たとえば借家のときは、「ある家を貸したい」という人と「賃料を払って借りたい」という人の意思が合致することによって成立します。このように、当事者の合意があればそれで賃貸借契約は成立しますが、契約書を作ることが重要です。法律が特に要求している場合を除いて作成の形式は自由ですが、手書きではなく、パソコンの入力ソフトで作成するのが一般的です。賃貸にあたっての契約書については国土交通省のホームページに掲載されている「賃貸住宅標準契約書」が参考になりますので、この書式をベースにして契約書を作成するのがよいでしょう（ただし、標準契約書の民法改正対応時期は未定）。

　アパートの部屋などを貸す場合には、貸主（賃貸人）は自分で、入居者が借主（賃借人）ということになりますが、借主の保証人も含めて三者間の契約書を作成することもあります。

　契約書に書かなければならない事項、作成にあたって注意すべき事項としては以下のものがあります。

① 　使用目的、目的物

　第1条として、契約の趣旨・使用目的や目的物の内容を具体的に記載します。前文に盛り込んでしまう場合もあります。

② 　契約の内容

　どんな債権が発生し、どんな債務を負うのかを記載します。契約期間、賃料、敷金など契約の中心となる部分から順に箇条書きに記載します。特約条項については、別に項目を設けて記載しましょう。

③ 　作成年月日

　契約の成立の日を証明する記載として、大変重要です。日付は、契約の有効期間を確定したり、正当な権限の基に作成されているかを判定する基準になるため、実際に契約書を作成した日を記載するようにします。契約が成立した日付を公に証明しておきたい場合には、公証

役場で確定日付（その日にその文書が存在していたことを証明する変更のできない確定した日付のこと）をつけてもらうのがよいでしょう。

④ 署名押印

当事者が法人ではなく個人であれば、その住所を記載し、署名・押印をします。当事者が法人である場合には、本店住所・法人名を記載し、代表者が署名・押印をします。印鑑は、通常は何を使ってもかまいませんが、証明力を強くするには、市区町村（法人の場合には法務局）に登録してある印鑑（実印）で押印するのが望ましいでしょう。

⑤ 物件の表示

契約の対象物が何であるかは重要です。不動産の賃貸借では、物件の表示を記載して対象物を特定します。この表示は、契約条項中に記載してもかまいません。ただ、物件の数が多いときには、別紙としてつづった物件目録に物件を表記し、契約条項本文では、それを引用するという方法がとられます。物件の特定は、不動産の場合、登記簿に記載された物件の表示を記載して行います。

● トラブル防止のためにこんな規定を置く

将来争いが生じやすい事項については、あらかじめ適切な規定を設けて置くことが大切です。法律に定めがあるため、契約書への記載の有無に関わらず同じ効果が生じる場合であっても、記載することでより明確にすることができるので、争いの生じやすい事項については、予防のために明文の規定を置いた方がよいでしょう。

① 存続期間

賃貸借の場合には、存続期間を明記するのが一般的です。存続期間を定めない場合、借家契約は期間の定めがないものとなります。

② 契約解除

契約解除は、解除権の行使によってなされます。法律上解除事由と定められているケースとして、借主の無断転貸（又貸し）や賃借権の

無断譲渡が挙げられます。これらは貸主との信頼関係を裏切ることになるのが通常であるため、解除が認められるのです。

　また、個別の賃貸借契約で解除事由を定めることができるので、実際には契約によって解除事由が定められることになります。ただ、家や土地は生活の基盤であるため、家賃の不払い、使用方法違反といった事情や、法律上の解除事由があっても、信頼関係を裏切らない軽微なものである場合には解除できないしくみになっています。

③　**保証人条項**

　家賃の滞納だけでなく、借主の使用方法違反や不注意による事故などによって思わぬ損害が生じる場合もありますので、通常の契約では連帯保証人を要求するケースが多いようです。

　なお、2017年の民法改正では、借主の貸主に対する債務を個人が保証するのは「個人根保証契約」に該当し、極度額（保証限度額）を書面で定めないと契約自体が無効になると規定されました（465条の２）。

④　**諸費用の負担**

　賃料以外の共益費や管理費といった費用や修繕によって生じる費用の負担をどのようにするかは、明確に定めておくべきです。

⑤　**協議条項**

　規定外の事項が発生した場合には、当事者間で協議する旨を入れておきます。

⑥　**合意管轄**

　裁判を提起する裁判所を指定します。法律上は被告となる者の住所を管轄する裁判所に訴えを提起するのが原則であるため、相手が遠方に引っ越したのであれば、裁判のために出向かなくてはなりません。しかし、専属的合意管轄裁判所として、貸主の住所を管轄する裁判所を指定すれば、基本的に指定された裁判所でしか訴えを提起できなくなるため、出向く必要がなくなります。

契約期間と更新に気をつけよう

更新拒絶の手続きをしないと更新とみなされてしまう

● 契約の更新とは

　契約の更新とは、期間の定めのある契約（契約書に「契約期間は○年間とする」という条項があるもの）において、期間満了をもって契約が終了した後に、契約を継続させることをいいます。契約の更新には、合意更新と法定更新の２種類があります。

① 　合意更新

　当事者双方が話し合い、納得した上で契約を更新することを合意更新といいます。このとき契約内容をそのまま維持するか、条件のいくつかを変更するかといったことについても話し合います。

② 　法定更新

　通常、期間の定めのある契約を締結した場合、契約期間が満了すれば契約の効力は失われます。しかし、借家契約については、借地借家法によって特別な規定が置かれています。

　当事者の一方が契約更新を拒否したり、更新を前提に話し合っていても条件が折り合わないまま、期間満了を迎えてしまうということも

■ 借家契約の法定更新

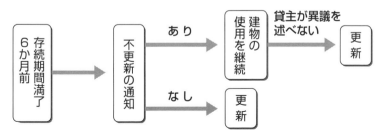

あります。ただ、そのまま契約終了という形になってしまうと、当事者の一方が大きな不利益を被ることがあるため、借地借家法の定めにより「自動的に契約を更新した」とみなすことがあります。これを法定更新と呼んでいます。法定更新は賃借人を保護するために定められている規定です。賃借人は、賃貸人よりも立場が弱く、生活の基盤となる家を失ってしまうことで賃借人が受ける影響は大きいので、借地借家法により法定更新の規定が置かれています。

　具体的には、借家契約の場合には、期間満了の1年前から6か月前に貸主が更新しない旨を通知（正当事由が必要です）すれば更新を拒絶できますが、更新しない旨の通知をしなかったときは、従前の契約と同一の条件で契約を更新したものとみなされます。さらに、更新拒絶の通知をしたとしても、期間満了後、建物の賃借人が依然として使用を継続する場合に、建物の賃貸人が遅滞なく（不当に遅れることがなく）異議を述べなかった（異議には正当事由が必要です）場合には、従前の契約と同一の条件で契約を更新したものとみなされます。

　つまり、当事者間で契約更新に関する合意がなかったとしても、賃借人がそこに居住を続け、貸主が異議を述べなかった以上、契約は自動的に更新されることになるのです。ただし、法定更新後の借家契約は、存続期間の定めがない契約となる点に注意が必要です。

● 更新料とは

　住居の賃貸借契約書をよく見てみると、多くの場合「契約期間は2年間とする」といった条項が記載されています。このような契約条項のある賃貸住宅に長期間入居させるケースでは、2年ごとに契約更新をする必要があるわけですが、その手続をする際に更新料という名目の費用を請求することがあります。

　更新料に関して規定した法律は特になく（2017年の民法改正でも明文化されませんでした）、どのような目的で請求できるかということ

は明確になっていませんが、地方によってはその支払いが慣習化されています。そのため、更新時には「更新料を請求できるのが当然」と考えている貸主も多いでしょう。

しかし、更新時に必要な事務手続きといえば、契約書の内容を一部書き換えるか、当事者双方の署名押印をする程度ですから、多額の経費がかかるわけではありません。また、更新料にも相場があります。極端にいえば更新料の授受がない地方もあるくらいです。

したがって、賃貸経営する地域が、更新料の支払いが慣習的に行われている地域なのか、居住用の更新料の相場はどの程度かなどを月額賃料との関係で検討する必要があります。また、契約締結とその契約が継続されてきた経緯といった個別的な事情も大きく作用します。東京における、居住目的の賃貸住宅の場合の、相場の賃料を前提とする更新料は賃料の1か月～2か月分が多いようです。

もっとも、更新料の相場に関しては、前述のように地域差があり、2年ごとに家賃1か月分相当額を請求する首都圏の取扱いが、一般的に多いケースですが、京都府などでは、家賃1か月分を請求することは同じでも、1年ごとに支払いを受けるという内容の契約が結ばれることが多いようです。極端に違和感のある更新料が設定されている場合は、無効の主張や減額の交渉を求められる可能性があります。

なお、特約の規定が単に更新料の支払いを求めるものではなく、

■ 更新料の性質

更新料の性質
- 実質的に賃料の一部となる
- 貸主を安心させる効果
- 慣習によって金額が決まる
- 高額すぎる更新料は無効

「更新料を支払わない場合は契約の更新をしない」とするように、更新そのものを拒否するような内容であった場合は、借主に著しく不利益を与える内容として無効とされる可能性が高くなります。

● 更新料をめぐる裁判所の判断

　更新料特約の効力については、賃料の補充や前払い、契約を継続するための対価など複合的な性質があり、その支払いに合理性がないとはいえないことを理由として、賃料や契約更新期間に照らして高額すぎるなど特段の事情がない限り、更新料は無効とはならないという最高裁判所の判断がなされています。訴訟では、１年ごとに２か月分の更新料を取る契約条項が不当に高額ではないかが問題とされていたのですが、このような更新料特約も有効と判断されています。

　この判例を基準に考えれば、賃料の２か月分程度であれば、不当に高額ではないので、更新料の請求が認められることになります。ただ、「高額すぎる」更新料特約は無効と判断されることになるので、要求する更新料の金額には注意しなければならないでしょう。なお、更新料の支払いを避ける目的で、入居者が退去するケースも少なからずあり、更新料の引き下げや廃止をする貸主もいます。

● 更新事務手数料とは何か

　賃貸借契約の更新時には、契約更新に費やす書類作成、その他の事務費用がかかります。この費用を更新事務手数料（書換え手数料）といいます。更新事務手数料は、更新料とは別のものです。更新事務手数料は、契約の更新にかかる事務について、賃貸人が不動産管理業者に依頼するために必要になる費用です。つまり、本来賃貸人が不動産管理業者に支払う費用ですが、その費用を契約で賃借人に負担してもらうということになります。

　あらかじめ、契約書で合意した以上、更新事務手数料を請求するこ

と自体は問題がありませんが、後で支払いを拒否されないように、契約時に更新事務手数料を請求する趣旨を説明しておくことが大切です。

● 法定更新になると更新料を請求できないのか

更新料を支払う合意があれば、合意更新の場合は、原則として更新料を請求できます。ただし、合意更新ではなく法定更新の場合にも更新料を請求できるかについては、裁判所の見解は分かれており、更新料を支払う旨の合意は合意更新の場合の約定であり、法定更新の場合には更新料は請求できないという判例もあります。

また、合意による更新ができず、法定更新になった場合について、契約書に「法定更新の場合にも更新料を支払う」と書いてあれば、更新料を受け取ることはできます。ただし、法定更新後は存続期間の定めのない契約になるため、更新料の請求はできません。

「法定更新だから更新料の支払は必要ない」というトラブルを防ぎたい場合、たとえば、「貸主と借主の双方から申し出がなかった場合には、本賃貸借契約は、○年間更新されたとみなす」という自動更新条項を契約書の中に入れておきます。契約期間の満了後に自動的に賃貸借契約が一定期間更新される旨の条項を契約書に盛り込んでおくことで、法定更新により更新料が請求できなくなるという事態を避けることができます。ただし、自動更新条項をつければ、何もしなくても合意更新したことになるとは限りません。借主が契約を見直したいと考えていても、その意思を尊重せず、自動的に更新されるという意味合いがあれば、借地借家法では、「建物の賃借人に不利なものは無効」とされており、条項が無効と判断される可能性があります。

更新は、契約の見直しの機会であると考えて、更新料に関係なく、話し合って、更新する方がよいでしょう。

敷金・礼金について知っておこう

入居時に大家側が受け取り、契約終了時に借主側に返還する

● 敷金は契約の終了時に返還するお金

　敷金は、借主が入居する際に貸主に預けておく金銭です。敷金を貸主に預けるのは、支払いの滞っている家賃や建物の破損などに関する損害賠償債務の担保が必要だからです。敷金で担保されるのは、賃貸借契約の終了時までの債務に限らず、建物の明渡完了時までの債務も含まれます。したがって、滞納や室内の損傷がない場合は、敷金は契約終了後に全額を返還する必要がありますが、滞納などがあればそれを控除した残金を返還すればよいということになります。

　なお、2017年の民法改正により、敷金とは「いかなる名義をもってするかを問わず、賃料債務その他の賃貸借に基づいて生ずる賃借人の賃貸人に対する金銭の給付を目的とする債務を担保する目的で、賃借人が賃貸人に交付する金銭」（622条の2第1項）であるとの定義規定が設けられました。これは以前からの取引慣行の明文化であって、これにより敷金の性質が変わるものではありません。

　一方、礼金はアパートを賃貸する際に授受されることが多い金銭です。礼金の大きな特徴は、敷金とは異なり、借主の退去時に返還しないという点にあります。礼金という名称が示す通り、賃貸したことのお礼として借主が貸主に支払うものです。

　敷金の制度は日本全国で広く利用されています。しかし、賃貸借契約に敷金を取り入れるかどうかは、借主と貸主双方の間で自由に決めることができます。敷金の額については法律の定めがないので（2017年の民法改正でも明文化されませんでした）、店舗などでは10か月分という物件もあるようですが、一般的な住宅では家賃の2か月～3か

月分程度が相場であると言われています（東京などの場合）。

また、主に事務所や倉庫といった居住用以外の賃貸物件の場合は、敷金の代わりに保証金の名目で金銭を要求することがあります。保証金も敷金と同じように、賃貸物件の修繕費の他、借主の賃貸借契約に関する義務を補う目的で貸主に金銭を預けておくものです。このような性質を有している保証金は、前述した民法改正で新設された「敷金」に該当することになると考えられています。

前述の通り、契約締結時に謝礼の意味を込めて、借主が礼金の名目で金銭を支払うことが慣行となっている地域においては、礼金は貸主のものとなり、契約終了後に返還する必要はありません。

最近では、敷金や礼金が要らない賃貸物件（ゼロゼロ物件）もありますが、敷金・礼金をゼロとする代わりに家賃を近隣の相場よりやや高めに設定すべきかどうかよく検討する必要があるでしょう。なお、敷金・保証金・礼金という呼び名は、地域によって意味合いが異なる可能性があります。そのため、賃貸借契約時にはこれらの意味を充分に確認し、借主とトラブルにならないようにする必要があります。

● 敷金はどんな性格のお金なのか

敷金は主に家賃の未納を補うために利用されます。また、部屋の傷や汚れの修繕費用として利用されることもあります。つまり、敷金は貸主の立場からすると、一種の保険や担保のようなものとして捉える

■ **敷金のしくみ**

```
貸主(家主) ←――― 入居時 敷 金 ―――→ 借主(借家人)
          ―――  退去時 敷 金  ―――
```

明渡しの完了時に未払家賃や修繕費などを差し引いた額を借主に返還する

第2章 賃貸借契約をめぐる法律知識

ことができます。反対に、借主の立場からすると、敷金は契約終了後に返還されるはずの金銭になります。そのため、敷金は財産権のひとつとみなされており、借主が破産寸前にある場合には、借主の債権者によって差し押さえられることもあります。

　そして、敷金を債務の補てんとするかどうかは貸主が決めることであり、借主が決められることではありません。借主はたとえ経済状況が苦しい場合でも、敷金を滞納家賃などに充ててもらうように請求することはできません。2017年の民法改正では、貸主は、「敷金をその債務（賃貸借に基づく借主の債務）の弁済に充てることができる」と規定する一方で、借主が「敷金をその債務の弁済に充てることを請求することができない」と規定して、以前からの取引慣行を明文化しています（622条の２第２項）。

● 敷金の返還時期について

　借主が敷金返還を請求できるのは、賃貸借契約終了時ではなく、物件の明渡しが完了した時点であるとするのが判例です。そのため、貸主の立場からすると、敷金は借主によって物件の明渡しが完了した時点で返還することになります。2017年の民法改正でも、敷金は「賃貸借が終了し、かつ、賃貸物の返還を受けたとき」（622条の２第１項１号）に返還すると規定し、判例の立場を明文化しています。

　ただ、敷金の返還をめぐるトラブルを事前に防ぐためには、契約書に敷金の返還時期を明確に記載することが重要です。「物件を明け渡したら敷金を返還する」と大まかに記すのではなく、「物件の明渡しが完了した後、〇日以内に敷金の返還を行う」と明記しておきましょう。

● 敷金でどこまで担保されるのか

　敷金は修繕費や未払家賃の補てんとして主に利用されますが、それ以外にも借主が立ち退く際のあらゆる経費に使われます。家賃の支払

遅延による賠償金（遅延損害金）も敷金から差し引かれます。つまり、敷金から控除できるのは、物件の明渡し時までに必要となった借主のすべての費用です。2017年の民法改正では、敷金が「賃料債務その他の賃貸借に基づいて生ずる賃借人の賃貸人に対する金銭の給付を目的とする債務を担保する」ことを明記しました（622条の２第１項）。

ただ、敷金から控除できる費用の範囲をめぐってトラブルになることがあります。貸主は借主の退去後に建物の劣化について必要な修繕を行い、次の借主が入居できるようにする必要があります。これを原状回復といいますが、どこまでを原状回復というのか、はっきりと線引きするのは難しいものです。一方、借主には退去時に原状回復義務が課せられていますが、通常使用に伴う磨耗の修繕費まで敷金から差し引かれるのは納得がいかないでしょう。2017年の民法改正では「通常の使用及び収益によって生じた賃借物の損耗並びに賃借物の経年変化」が原状回復義務の対象外である旨を明確にしています（621条）。

退去時に返還される金額についても、借主と貸主間でよく争いになりやすい問題の種となっています。「もしかすると自分も余分に敷金から引かれているのではないか」と疑う借主が多くなるのも、仕方のないことです。そのため、貸主が敷金を返還する際には、敷金から控除した費用の明細を借主に渡しておくとよいでしょう。

■ 賃貸借契約の際に提供される様々な名目の金銭

名目	内容
敷金	通常、借家契約の際に借主が、家主に対して預ける金銭。家賃の滞納や物件の損壊などがあると差し引くことができる。
権利金	借地権や借家権を設定する対価として貸主に支払われる金銭。
保証金	契約を守ることを担保する金銭。敷金とほぼ同じ意味で使われることが多いが、貸付金として後で返還すべきものもある。
礼金	借家契約の際に貸主に支払われる金銭。敷金や保証金と異なり、契約期間が終了しても返還する必要はない。

Q 入居者をフリーレントで募集する場合、どんなことに注意すればよいでしょうか。

A フリーレントは、入居当初の数か月分の賃料を０円にする賃貸借契約のことです。賃貸物件の入居時には、仲介手数料、引越費用、敷金など多くの初期費用がかかります。近年「敷金・礼金ゼロ」のゼロゼロ物件を見かけますが、初期費用をおさえることで、多くの入居者を呼び込む狙いがあります。フリーレントも、「敷金・礼金ゼロ」と同様に、入居者を集める目的で利用されます。賃貸人の立場からすれば、空き室にしておくくらいであれば、無料で貸しても同じという面もあります。以前は、事業用賃貸物件についてフリーレントが利用されていましたが、近年では、居住用物件についても、入居者を呼び込むための選択肢のひとつとしてフリーレントが活用されています。

フリーレントにはリスクがあります。最大のリスクは、短期間で入居者に退去されてしまうと収益が赤字になることです。フリーレント期間の終了後に退去されてしまうと、ほとんど収益が得られない一方で、賃貸人は退去に伴う修繕費等の費用を負担しなければなりません。

したがって、フリーレントを利用する場合は、一定期間住み続けることを条件にします。具体的には、契約書に、契約期間中の中途解約を認めない旨の条項を設けておきます。

そして、入居者が条件に違反し、契約期間中に中途解約した場合は、違約金を支払う旨の条項も用意しておきます。違約金の額は、フリーレント期間の賃料相当額以上の金額にします。また、無料にするのは「賃料本体」だけにして、共益費等の実費相当分は入居者に負担してもらうようにします。

禁止事項について知っておこう

賃貸借契約を解除できる可能性がある

● 賃借権の譲渡・転貸とは

アパートやマンションの部屋の賃貸借契約を締結し、借主がその部屋の賃借権を譲渡する場合や、部屋を転貸する場合には、貸主の承諾を得る必要があります。たとえば、Aが所有するアパートの部屋をBが借りていたとします。このとき、BはAに対して建物を賃借する権利を有していますが、この賃借権をCに譲渡することが賃借権の譲渡になります。また、BがAから借りている建物をCに又貸しすることが転貸になります。

● 賃借権の譲渡・転貸が問題になるケース

借主が賃借権の譲渡や転貸を貸主に無断で行った場合、つまり無断譲渡や無断転貸を行った場合には、民法の規定に従い、原則として貸主は賃貸借契約を解除することができます。しかし、当事者の信頼関係を破壊しない特別な事情があれば、解除はできないとする判例が確立しています。これを信頼関係破壊の法理（理論）といいます。

たとえば、アパートの部屋を借りていたが、長期の海外出張のため友人に部屋の掃除や郵便物の整理をしてもらっているにすぎない場合には、その友人はその部屋を利用しているわけではないので、賃借権の譲渡や転貸が問題になる可能性は低いといえます。しかし、友人がその部屋に宿泊し、その友人は借主に対して賃料を支払っている場合には、部屋の転貸がなされていることになります。この場合、借主が貸主に無断でその部屋を友人に転貸していれば無断転貸なので、原則として貸主は賃貸借契約を解除することができます。ただし、ごく短

い間だけ借主が友人に建物を貸していたにすぎない場合には、借主と貸主との間の信頼関係が破壊されていない特別な事情があるとして、賃貸借契約の解除が認められない可能性があります。

● 承諾料とは問題解決のためのお金

　ある条件を飲んでもらう代わりに支払われる承諾料というものがあります。

　承諾料は、契約において貸主が禁止していたことを、金銭の支払いを条件に認めてもらおうという広い概念のものですが、どのような場面で発生するかによって、種類を分けて考えることができます。承諾料を要する場面としては、借りているアパートやマンションの部屋の増改築、部屋の賃借権の譲渡や転貸などがあります。

　マンションの部屋について賃貸借契約を結ぶときに、多くの場合は増改築を禁止する条項が置かれています。仮に、このような条項がなかったとしても、賃借人が勝手に増改築をすることは違法です。

　たとえば、購入したマンションの部屋を他人に貸した場合に、貸主の知らない間に室内の壁が勝手にピンク色に変更されたり、和室が洋室になっていたということがあっては困ります。したがって、マンションの部屋などの建物賃貸借契約では、承諾料を払う、払わないという次元ではなく、増改築を全面的に禁止しているのが通常です。

　また、前述した賃借権の譲渡や転貸の場合はどうでしょうか。貸主は借主の人柄や経済状況を信頼して貸しているのであり、借主がいつの間にか変わってしまうのでは困るので、貸主に無断で賃借権の譲渡や転貸をすること（無断譲渡・無断転貸）は禁止できます。ただ、この場合は承諾料を要求することで、賃借権の譲渡や転貸を認める余地があります。この場合の承諾料のことを、名義書替料ということもあります。

　さらに、使用状況の変化に伴うものとしては、自宅用として借りていたにも関わらず、事務所の看板を出す、あるいは一部を店舗として

使用するといったケースが考えられます。法律上問題になるような使用はできませんが、法律の範囲内であれば、貸主と借主の合意があれば使用方法の変更を認めることもできるでしょう。

　承諾料の相場について、借家の場合には借地のような規定（裁判所が借地条件の変更を認める際に承諾料の支払いを命じる規定、借地借家法17条）がないため、相場というものが考えにくく、当事者の話し合いによることになります。貸主が拒否すればそれまでです。

● 事前に通知してもらうようにしておく

　特に禁止することではないが、借主が何かをする前に、貸主に通知してもらう方がよいことがあります。たとえば、壁の色を変えたい、床のクロスを張り替えたいといったリフォームや、合い鍵を作りたい、ドアの鍵を替えたいといった防犯上の要望などです。このような変更は、退居時の原状回復の問題にもつながるので、事前に通知してもらうことを義務づけて、貸主の承諾がないとできない旨の規定を賃貸借契約書に設けるようにした方がよいでしょう。

■ 賃貸人が承諾を検討する主なケース

建物の増改築
　年月の経過や賃借人の家族構成の変化による増改築の必要性

譲渡・転貸
　居住者の変更を受け入れるかどうか

使用状況の変化
　業務用物件としての利用や営業方法の変更を承諾するかどうか

環境の変化
　他人の通行を認めるかどうか※など

※「他人の通行を認めるかどうか」とは、自分の住んでいる場所から公道に出るためにやむを得ず他人の土地を通らなければならない場合、承諾料を支払って通らせてもらうというようなケースのこと。

また、借主が長期に渡って部屋を不在とする場合に、貸主に事前通知することを定めておくのも、防犯上の対策をするために有効です。その他、結婚や子供の誕生などで同居人が増えた場合も、経済状況や使用状況が変わりますので、事後になったとしても貸主への通知を義務づけておいた方がよいでしょう。

● 契約内容を変更するときの注意点

　契約内容を変更すること自体は一向にかまいません。契約内容の変更も「変更契約」という１つの契約ですから、一方的に条件を変更することはできませんが、借主の承諾（借主との合意）があれば契約を変更することができます。

　たとえば、賃料を増額したいと思っても、借主が応じなければそれまでです。そのため、将来において契約内容を変更すべき理由があるときは、最初から特約をしておくべきでしょう。たとえば、建物の老朽化による大修繕を将来しようと思っているのであれば、５年後や10年後に賃料を改定する旨の特約をしておくことは、受益者負担の観点からも合理的だといえます。

　また、契約の更新時に、契約内容を、通常の賃貸借契約から定期借家契約に変更することもできないわけではありません。

　ただ、借主の側にとっては不利になるわけですから、慎重な手続きが求められます。また、定期借家契約（定期建物賃貸借）は、書面の作成、契約で定めるべき内容と説明義務について、一定の要式が定められているため、定期借家契約であることを契約書に記載するだけでは、借主から「説明を受けていない」あるいは「書面の交付を受けていない」と言われ、従来と同様の契約とされかねません。

　そこで、定期借家契約に変更するにあたっての書類の受渡しや説明を行い、借主から充分な理解を得た上で、手続きを経た旨の借主の署名をもらうようにすることが必要です。

保証契約と家賃保証について知っておこう

賃料などが支払われない場合には保証人が代わって支払うことになる

● 保証人の役割は何か

　保証は、本来の債務（主たる債務）が返済されない場合に、保証人が代わって返済するのを約束することです。賃借人の債務には、家賃支払義務、部屋を傷つけるなどの損害を与えた場合の賠償義務、契約終了時の明渡し義務があります。これらの義務が果たされない場合、保証人が家賃の支払いや賠償をしなければなりません。

　保証には普通の保証と、普通の保証よりも保証人の責任が重い連帯保証があります。保証をする場合には、債権者と保証人の間で契約を結ぶ必要があります（保証契約）。保証契約は書面で締結する必要があります。また、当初の借家契約期間が終了しても、契約が更新された場合、保証人の保証義務も引き続き継続するのが判例の立場です。

　また、2017年の民法改正により、個人が賃借人の債務を保証または連帯保証するのは「個人根保証」（一定の範囲に属する不特定の債務を主たる債務とする保証）に該当するため、極度額（保証限度額）を定めないと保証または連帯保証の効力が生じないことになった点に注意が必要です（465条の2）。

● 保証人と連帯保証人の違いは重要である

　保証には、普通の保証と連帯保証とがあります。いずれも債務者が債務を履行できない場合に、債務者に代わって保証人が債務を履行する責任がある点では同じです。しかし、債務者の債務が履行されない場合、保証人は債務者より先に債務の履行を要求されることはありませんが、連帯保証人には、債務者を飛び越えて、直接債務の履行の要

求ができます。このため、債権者である賃貸人にとっては、直接履行の請求ができる連帯保証契約を結ぶ方が有利といえます。そこで、実際にはほとんどの場合、連帯保証契約になっています。

　連帯保証契約を結ぶ場合、連帯保証契約書を作成しますが、その際に何といっても大切なのは「連帯」の二文字です。同時に、遅延損害金の利率や期限の利益について明記するとよいでしょう。なお、保証人は、借主が賃料を支払わない場合に、借主に代わり賃料を支払う義務を負う者ですので、貸主にとっては、賃料をきちんと回収できるのか否かの瀬戸際ともいえます。そこで、賃貸借契約を締結する際には、入居者審査と共に、保証人の資力（賃料を支払うことができる能力）の有無を確認しておく必要があります。

● 保証契約の締結

　まず、当初の保証契約で更新後も継続して保証する旨の規定を明確に契約書で定めていれば、契約更新後も引き続き保証人としての義務を負います。一方、そのような規定を置かなかった場合、契約更新後は保証人の責任は存続しないことになるでしょう。しかし、借家契約が原則として更新されるものであることを考えると、保証人も契約の更新を前提として保証したはずです。よって、更新後の借地人の債務も保証されるようにも思われます。実際、借家契約については、契約更新後も保証人の責任が継続することを認めた判例があります。

　保証契約の締結は、賃貸借契約時に保証人の立ち会いを求め、賃貸借契約と同時に行うのが最善です。保証人の立ち会いができない場合、保証契約書を持ち帰って、事前に署名、捺印をもらうことになりますが、不正行為を防止するために、保証人についても印鑑証明書などを用意してもらうとよいでしょう。保証契約が賃貸借契約の締結後になることは、極力避けるべきです。保証人に断られたりすると、保証人不在になってしまいます。

●家賃保証会社とはどのようなものか

賃貸借契約をする際には、できる限り連帯保証人を立てさせることが必要です。これは、賃借人が家賃を滞納した際に効率的に家賃を回収するためだと言われていますが、最近では「連帯保証人すら見つからない」「連帯保証人に資力があるのか不安だ」といったケースが増えてきました。そこで、ぜひ利用したいのが家賃保証会社です。

家賃保証会社は、一定のコストを支払えば賃借人の家賃滞納などの問題を解決してもらえます。一般的に、家賃保証会社に対して支払う保証料の相場としては、初回は家賃1か月分に相当する金額、または家賃1か月分の2、3割から7割程度の金額の支払いを求める会社が多いようです。また、更新は1年または2年ごとで、更新時にも決まった金額の支払いを求める会社が多いです。さらに、保証会社は信用情報を管理しているため、賃借人や連帯保証人の経済面での審査をしてもらえますので、不良入居者を審査段階で排除することができます。しかし、賃借人が毎晩のように夜中に仲間を引き入れて大声で騒ぐといった迷惑行為などの予防や解決には、積極的に介入してもらえないので、その点は注意が必要です。

家賃保証会社は経済的信用性が高く、万一の際に確実に保証債務を履行してもらうことになるので、ある程度しっかりした会社にお願い

■ 家賃不払いを予防する方法

賃貸借契約締結時 ➡	・家賃を滞納する恐れがあるかどうか、契約を締結する段階で見極める ・経済力のある人を連帯保証人に選ぶ
滞納者に対する対応 ➡	・入居者への連絡など、迅速な対応を心掛ける ・内容証明郵便の送付による家賃の支払い請求 ・滞納が続く場合、賃貸借契約を解除する ・同居人や連帯保証人に支払いを請求する

しなければなりません。万一の際に保証会社が倒産してしまっては賃貸人としては保証料がムダになるばかりか保証人が不在のままになってしまいます。過去には、大手の家賃保証会社が倒産したケースもありますので、慎重に決めなければなりません。

また、家賃保証会社によっては「保証してもらえる滞納賃料は何か月分まで」「この部分は保証しない」など、保証内容や対象が違ってきます。家賃保証会社を利用する際には必ず各保証会社の保証条件を充分に確認するようにしましょう。

● トラブルに遭ったときの対応

借地借家をめぐるトラブルの解決手段には様々なものがありますが、家賃保証をめぐるトラブルに遭った場合、まずは専門家に相談するのがよいでしょう。今後もトラブルが続けば、行政による規制も強化されることになるでしょう。

■ 家賃保証会社による保証のしくみ

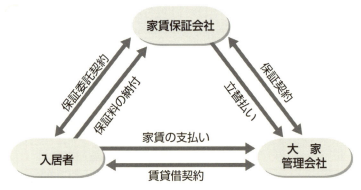

※ オーナー側（大家側）が家賃保証会社に支払う手数料などはなく、オーナー側の負担はないのが通常
　（オーナー側が支払う手数料があるとしても振込手数料程度）

特約や付随契約について知っておこう

特約が契約を左右する

● 個別の事情に合わせて特約を定めておく

　契約書の中で気をつけたいのは、特約です。明渡し時の原状回復義務や修繕費用の負担についての箇所は重点的に記載・説明しておかなければなりません。賃貸借契約書の一般的なひな型には記載されていないような事項についても、特約で定めることができますので、作成時には個別の事情に合わせて特約を定めておくのがよいでしょう。

① 原状回復特約とは

　借主（賃借人）には、賃貸借契約終了の際、部屋などの賃借物を原状に復し、これを貸主（賃貸人）に返還する義務があります。これを原状回復義務といいます。もっとも、どの程度を指して「原状回復」と呼ぶのかが明確ではなく、トラブルも相次いだため、国土交通省が「原状回復をめぐるトラブルとガイドライン」を作成しています。このガイドラインでは、完全に借りた当時の状態に戻すのではなく、借主が建物を通常の用法を超えた使い方をしたことで発生した損耗や毀損を修復することが原状回復であると規定しています。この原状回復の程度や必要な修繕の程度などの点について、入居時に特約を結ぶことがあります。この特約を原状回復特約と呼びます。

　原状回復特約の具体的な文言としては、「故意・過失を問わず本件建物に毀損・滅失・汚損といった損害を与えた場合は損害賠償義務を負う」「借主は自己の費用をもって本建物を原状に戻して明け渡すこと」というように記されています。原状回復特約によって、借主がどこまで修繕責任を負うことになるのかは、その文言の内容によっても変わります。また、原状回復特約では、「床や壁紙の張替え費用や、

クリーニング代は借主の負担とする」というように、修繕の内容を具体的に定めることもあります。賃貸借契約を結ぶ際には、特約内容について書面で交付した上で、口頭で説明することが必要です。

なお、2017年の民法改正により、ⓐ通常の使用・収益によって生じた賃借物の損耗・経年変化、ⓑ賃借人の責めに帰することができない事由による損傷は、いずれも原状回復の対象外であることが明文化されました（621条）。もっとも、民法621条は任意規定（当事者の特約が優先する規定）と考えられているため、ⓐⓑについて借主に原状回復義務を負わせる際は、特約で明確に定めると共に、借主に不当な義務を負わせないことが必要です。

以上を踏まえ、原状回復特約が有効と認められるかどうかは、次の基準によって判断されることになります。

・特約を定める必要があり、かつ合理的な理由がある

たとえば、家賃が近隣の相場に比べて非常に低く設定されており、家賃の中に修繕費が含まれていないと判断される場合には、原状回復特約を定める必要性・合理性が認められるといえるでしょう。

・借主が特約によって法律やガイドラインで定める通常の原状回復義務の範囲を超えた修繕責任を負うことを理解している

特約の内容を賃貸借契約書や付帯文書に明記し、借主には、通常の原状回復義務を超えた範囲の修繕責任を負うことになることを、しっかり説明しなければなりません。つまり、貸主は借主に特約の説明を行う義務があるといえます。入居のしおりを手渡しただけでは、説明義務を果たしたことにはなりませんので、注意しましょう。

・借主が特約で定められた修繕負担をすることを了承している

特約が有効になるには、借主がその内容を十分に了承した上で交わされた賃貸借契約であることが明確になっている必要があります。賃貸借契約の際に、特約を理解し同意するという項目があり、そこに借主のサインや押印がある場合は、確かに借主が特約に了承したと判断

されやすくなります。

② 小修繕特約は借主負担の場合もある

　たとえば、電球の取替えや、障子の張替えのように、修繕にあまり費用がかからないものを小修繕といいます。小修繕特約とは、借主が小修繕を行った場合、その費用は借主の負担になることを事前に定めている特約です。具体的な文言としては、「本件建物の小修繕は借主の負担において行う」というように記されています。小修繕特約はあくまで借主が自分の都合で電球の取替えや障子の張替えなどを行った場合に、その費用をいちいち貸主には請求できないということです。

　ただし、小修繕特約がある場合でも、建物の基礎に関する部分の修繕や、屋根・壁の塗りかえといった大規模な修繕の費用は貸主が負担することになりますので、注意する必要があります。

③ 敷引特約

　敷引特約とは、退去する際に借主が一定額の敷金を貸主に返還する

■ 問題となる原状回復特約の例

> 第○条 （原状回復特約）
> 　本件契約が終了したときは、借主の費用をもって本件物件を当初契約時の原状に復旧させ、貸主に明け渡すものとする。

■ 小修繕特約の例

> 第○条 （小修繕特約）
> 　入居中における畳表及び畳床、障子、ガラスおよび網戸の張替え、蛍光灯の交換、水道その他小修繕に属するものについては借主の費用負担において、借主が行うものとする。

　浴槽やキッチンの交換など負担が重いものまで「小修繕」とする特約は無効とされる可能性が高い

ことを、賃貸借契約時にあらかじめ約束しておく特約です。退去時の建物の状態に関わらず、前もって修繕のために一定額の費用を敷金から差し引くことを決めておけば、後々敷金の返還の際に揉め事を避けることができるという考え方からできた特約です。

差し引かれた金銭は、主に原状回復費用や空室損料（退去した部屋に次の入居者が入るまでの補償）に使われていますが、契約が成立したことの貸主への礼金として扱われる場合もあります。そのため、特約で返還する敷金を減額しておきながら、退去時にはさらに修繕費を要求してくるケースも存在します。また、敷引特約の有効性をめぐって多数の訴訟が提起され、下級審の判例の見解も分かれました。

最高裁は、平成23年3月24日、「敷引特約は不当に高額でない限り有効」という趣旨の判断を下しました。その上で、礼金をもらわず、敷引金も月額賃料の2倍弱から3.5倍強にとどまっている敷引特約のケースについて「不当に高額でない」として、敷引特約を有効としました。ただし、最高裁は「不当に高額でない限り」という限定をつけており、いかなる場合も有効だとは言っていません。あまりにも金額が大きいときには無効と判断される場合もあります。

● **特約によって賃貸人に有利な条項を置くこともできる**

賃貸借契約の中には、借地借家法に反しない限り、賃貸人にとって

■ **問題となる敷引特約の例**

> 第○条　（敷引き特約）
> 　敷金の返還については、本件賃貸借契約終了後、明渡し時には敷金25万円から10万円を差し引いた15万円を返還する。

実際にかかった費用に関わらず一定金額を差し引く敷引特約は消費者契約法に違反して無効と判断されることがある

有利な条項を置くことができます。賃貸人にとって有利な契約条項としては、①通常の損耗や経年劣化によりかかる費用を賃借人に負担させる特約、②賃貸借契約を更新する際の更新料についての特約、③賃貸人が負担する不動産の修繕義務を回避する特約、④造作買取請求権を排除する特約、⑤有益費償還請求権を排除する特約、⑥賃料を増額するための特約などがあります。

ただし、このような契約条項は、賃借人にとっては不利な契約条項になりますので、契約条項の内容について賃借人に十分な説明を行い、賃借人の了解を得ることが必要です。特に、賃借人が個人（事業者である場合を除く）のケースでは、消費者の利益を一方的に害する条項を無効とする消費者契約法10条が適用されるため、賃貸人に有利な契約条項が無効とされる可能性もあります。

● 中途解約が禁止される条項を置くこともできる

賃貸借契約の存続期間の途中で契約を解消すること（中途解約）を禁止する契約条項を中途解約禁止条項といいます。中途解約禁止条項を置くことができれば、賃貸人は一定期間の賃料収入を確実に確保することができます。一方、賃借人は一定期間にわたり賃貸人に賃料を支払い続ける必要があります。入居者がいなければ、賃貸人は賃料収入を確保できないので、中途解約禁止条項を設けることで、賃貸人は賃料収入が途絶えてしまうのを防ぐことができます。

■ 中途解約が禁止される条項の規定例

> 第○条（中途解約の禁止）　貸主と借主は、契約期間中に本賃貸借契約を解除することができない。
> 　2　契約期間中に天災など本賃貸借契約を終了すべきやむを得ない事情が生じた場合には、貸主と借主との間で協議を行う。

しかし、あまりにも長い期間にわたって中途解約を禁止したり、あまりにも高額な中途解約違約金条項を設けると、建設協力金方式などの特殊な賃貸借契約でない限り、無効と判断されてしまう可能性が高くなります。そのため、数年以内の賃貸借契約に限り、中途解約禁止条項を設けることができると考えるべきです。

なお、中途解約禁止条項を設けなくても、「賃貸借契約を期間中に解約する場合には、○か月前に相手方に通知しなければならない」といった条項を設けることも可能です。このような条項を設けておけば、賃貸人は解約の通知を受けてから数か月間は賃料収入を確保することができますし、この間に新しい賃借人を探すこともできます。この期間は2〜3か月間とするのが一般的です。

● 必要費償還義務を特約で賃借人負担にする

賃貸人は賃借人が建物を使用・収益に必要な費用（必要費）を支出する義務を負っています。そのため、必要費を賃借人が支出した場合には、賃貸人は賃借人が支出した金額を償還する義務を負います。これを必要費償還義務といいます。たとえば、水道の給水栓が壊れると建物を使用できなくなるため、この修繕費用は必要費になります。

必要費償還義務は、賃貸借契約の中で特約を設けることで、賃借人に必要費を負担してもらうことができます。必要費を賃借人が負担することを賃貸借契約の中で規定しておけば、賃貸人が必要費を負担する必要がなくなります。なお、2017年の民法改正では、「賃借人の責めに帰すべき事由によってその修繕が必要となったとき」は、賃貸人が必要費償還義務を負わない旨が明記されました（606条1項）。

● 通常損耗や経年変化の修理を賃借人負担にする

建物の通常損耗や経年変化（劣化）の修繕費用は、賃貸人が負担するのが原則です。2017年の民法改正では、通常の使用・収益により生

じた賃借物の損耗・経年変化は、賃貸人の負担である（賃借人の原状回復義務の対象外）と明記されました（621条）。しかし、賃貸借契約の中で、これらの費用を賃借人の負担とする条項を設けることができます。この条項を設けることができれば、賃貸人は通常損耗や経年劣化により発生する費用を負担する必要がなくなります。

ただし、この条項は賃借人にとって不利な条項ですので、どのような費用が賃借人の負担となるのかを明確にする必要があります。そのため、単に「通常損耗と経年劣化により生じる費用は賃借人の負担とする」という条項を契約に盛り込むだけでは不十分であり、より具体的に賃借人が負担する費用の内訳を示さなければなりません。

また、費用負担が賃借人にとって過度な負担となる場合には、契約条項自体が無効となる可能性があります。そのため、賃借人にとって重過ぎる負担にならないように配慮する必要があります。

なお、通常損耗や経年劣化により生じる費用の例として、破損していない畳の交換費用、フローリングの色落ち、フローリングのワックスがけ、家具による床やカーペットのへこみ、がびょうを用いたことによる壁の穴、台所やトイレの消毒などが考えられます。これらの中から賃借人に負担してもらう費用を選択します。

■ 通常損耗や経年変化の修理を借主負担にする条項の規定例

> 第○条（借主の負担）　以下に掲げる通常損耗や経年変化により生じる費用については借主の負担とする。
> 　　1　畳の交換
> 　　2　フローリングの色落ち
> 　　3　フローリングのワックスがけ
> 　　4　画鋲によるピン跡
> 　　5　太陽光による壁と床の変色

※ 借主の費用負担が過度に重い場合は、条項自体が無効となる可能性がある。

8 重要事項説明書について知っておこう

貸主としても重要事項の説明ミスが生じないように留意する

● 重要事項説明書とは

　重要事項説明書は契約を交わす前に貸主ではなく仲介業者（宅建業者）が借主に説明しなければならない事項です。重要事項説明書には「解約時の敷金の精算に関する事項」という項目があり、この中に原状回復費用に関する文章が含まれているはずです。

　仲介業者が説明を渋ったり、重要事項説明書を請求されても「契約後に渡します」などと言って説明を引き伸ばしたりすると、後々借主との間でトラブルになります。貸主としては、仲介業者と連絡をとり、交渉の経過を把握しておく必要があるでしょう。

● 賃貸借の重要事項説明のポイント

　重要事項説明のうち、重要な項目には、以下のようなものがあります。

① 　登記記録（登記簿）に記録された事項

　抵当権などの権利が設定されているか否か、設定されている場合の影響を説明します。たとえば、抵当権が行使されると、新しい所有者から退去を求められる可能性があり、6か月の猶予期間が終了した後は、入居者は退去しなければならないことなどです。

② 　飲用水、電気、ガスなどインフラの整備状況

　飲用水などのインフラの整備状況について説明します。整備されている場合でも、何らかの特別な負担金等が発生する場合があれば、付け加える必要があります。

③ 　賃料以外に必要な金銭

　賃料以外に必要となる敷金・礼金・保証金・更新料などは、賃料以

外の重要な契約条件ですので、金銭の内容や金額などを説明します。

④ 損害賠償額の予定や違約金の内容

契約に違反したときの損害賠償額の予定、または違約金に関する定めがある場合、金額・内容などを説明します。

⑤ 敷金等の精算に関する事項

敷金や保証金など貸主に預ける金銭の精算について説明します。退去時の原状回復費用との精算をめぐるトラブルは非常に多くなっていますので、原状回復の取扱いも含めて説明が必要です。

⑥ 法令に基づく制限

都市計画法、建築基準法、都市緑地法、景観法などの法令による制限があれば説明します。東日本大震災以降は、津波防災地域づくりに関する法律による津波災害警戒区域など、災害対策基本法による緊急避難場所などの説明義務が追加されています。

⑦ その他利用制限など

必要に応じて禁止事項があれば説明します。たとえば、ベランダに洗濯物を干せない、ペットが飼えないなどです。また、禁止行為を行うと契約違反になり、場合によっては賃貸借契約が解除されることも同時に説明が必要です。

■ 賃貸借契約を結ぶ際に説明を受ける重要事項の主な項目

建物の賃貸借
- 台所、浴室、便所などの整備状況
- 契約の期間、更新について
- 建物の用途や利用制限
- 敷金や保証金の精算方法
- 管理委託先の商号(名称)、所在地
- 定期借家契約である場合にはその旨
- 賃料以外に必要な金銭

土地の賃貸借
- 契約の期間、更新について
- 建物の用途や利用制限
- 敷金や保証金の精算方法
- 管理委託先の商号(名称)、所在地
- 契約終了時の建物の取壊しに関する事項
- 定期借地契約である場合にはその旨

9 公正証書で契約書を作成することもある

公正証書を用いなければならない契約もある

● 公正証書には「執行受諾文言」の記載を忘れずにする

　公正証書とは、公証人という特殊の資格者が、当事者の申立てに基づいて作成する文書で、一般の文書よりも強い法的な効力が認められています。公証人は、裁判官・検察官・弁護士といった法律実務経験者や一定の資格者の中から、法務大臣によって任命されます。

　公正証書は一定の要件を備えれば、債務名義（強制執行の根拠となる債権の存在・内容を証明する文書）となります。そこで、公正証書に基づいて強制執行（債務者が債務を履行しない場合に裁判所や執行官に申し立てることによって行われる強制的に権利を実現する手続きのこと）を行うことが可能になります。公正証書のこのような効力を執行力といいます。

　ただ、どんな契約書でも公正証書にすれば債務名義となりうるわけではありません。①請求内容が、一定額の金銭の支払いや一定数量の代替物または有価証券の給付であること、②債務者が「債務を履行しない場合には強制執行を受けても文句は言わない」旨の記載がなされている契約書であることが必要です。②の記載を、執行受諾文言または執行認諾約款といいます。執行受諾文言は、公正証書に基づいて強制執行を行うためには欠かすことのできない文言ですから、忘れずに入れてもらうようにしましょう。

　公正証書を作成するには、公証役場へ行きます。わからない場合には、日本公証人連合会（03－3502－8050）に電話をすれば教えてもらえます。債権者と債務者が一緒に公証役場に出向いて、公証人に公正証書を作成することをお願いします（これを嘱託といいます）。事前

の相談や連絡は、当事者の一方だけでもできますが、契約書を公正証書にする場合には、契約当事者双方が出向く必要があります。

ただし、実際に本人が行かなくても代理人に行ってもらうことは可能です。公証役場では、まず当事者に人違いがないかどうかを確認します。公証人自身が当事者と面識があるような特別のケースを除いて多くの場合は、本人確認のために発行後3か月以内の印鑑証明書を持参することになります。

● 公正証書にするのが望ましい契約がある

貸主は、賃貸借契約書を執行受諾文言のある公正証書にすることで、家賃を確保することができます。公正証書は債務名義になるため、貸主は、借主が家賃を支払わない場合には、訴訟をすることなく、借主に対して強制執行を行い、家賃を回収することができます。

賃貸借契約は、常に公正証書でなければならないわけではないのですが、一定の賃貸借契約については公正証書にした方がよいものもあります（借地権についての事業用定期借地契約は公正証書による作成が義務付けられています、借地借家法23条）。特に定期借家契約は更新せずに、期間満了後は建物を返還してもらうので公正証書にして、契約書の原本を公証役場に保管しておいてもらうのがよいでしょう。「定期」といっても10年、20年という長期契約の場合もあるので、契約書の紛失の危険を防ぐメリットがあるからです。

公正証書で契約書を作成する場合には、公証役場で手数料を支払わなければなりません。手数料の金額は次ページの図の通り、目的の価額によって決まります。賃貸借契約の場合、賃料に契約期間を掛けた額を2倍したものが目的の価額となります。

● 定期借家契約の公正証書を作成する場合の注意点

定期借家契約は書面で作成しなければなりませんが、法律上は公正

証書で作成することまでは要求されていません。ただ、定期借家契約は更新せずに、建物を返還してもらうわけですから、公正証書にして、契約書の原本を公証役場に保管しておいてもらうのがよいでしょう。公正証書を作成する上では以下の点に注意します。

・更新がない旨の記載

　多くの場合、定期借家契約を結ぶ目的は更新をせずに明け渡してもらうことにありますから、更新・立退きをめぐるトラブルを避けるために、公正証書にも「更新がない」ことを明記します。

・執行認諾約款を置き、確実に賃料を回収できるようにする

　公正証書は執行認諾約款があれば債務名義（62ページ）となるので、貸主は、賃貸借契約書を公正証書にすることで、借主が家賃を支払わない場合には、訴訟をすることなく、借主に対して強制執行を行い、家賃を回収することができます。そのため、公正証書には執行認諾約款を置くようにします。

■ 公正証書の作成などに必要な手数料

（平成29年7月現在）

	目的の価額	手数料	
証書の作成（法律行為に関する）	100万円以下	5,000円	
	200万円以下	7,000円	
	500万円以下	11,000円	
	1,000万円以下	17,000円	
	3,000万円以下	23,000円	
	5,000万円以下	29,000円	
	1億円以下	43,000円	
	1億円～3億円以下43,000～95,000円、3億円～10億円以下95,000円～249,000円、10億円を超える場合には249,000に5,000万円ごとに8,000円を加算する		
その他	私署証書の認証	11,000円（証書作成手数料の半額が下回るときはその額）	外国文認証は6,000円加算
	執行文の付与	1,700円	再度付与等1,700円加算
	正本または謄本の交付	1枚　250円	
	送達	1,400円	郵便料実費額を加算
	送達証明	250円	
	閲覧	1回　200円	

仲介と管理方法について知っておこう

宅建業者への媒介契約や報酬については法律で決められている

● 仲介とはどのようなものなのか

　物件を賃貸するためには、まず入居者を募集することからスタートしますが、簡単にスタートできるものではありません。入居者を募集するために、自分でホームページを作成して物件を広告しようと思ってもホームページを作成するノウハウがないとできませんし、物件広告のチラシを作って配布したり張り紙をしても誰も気づいてもらえなければいつまでたっても入居者は見つかりません。

　そこでぜひ利用したいのが、不動産業者です。不動産業者は大家さんの代わりに不動産取引や管理を行う専門業者で、いわば宅地や建物のエキスパートです。賃貸人の代わりに入居者を募集したり、不動産取引の仲立ちをしてもらえることを一般的に「仲介」と言っています。このような不動産取引の仲介業は、宅地建物取引業の許可を得た不動産業者でなければできません（宅建業法12条）。

● 3種類の媒介契約がある

　仲介は宅建業法では「媒介」と定義されていますが、媒介契約には、「一般媒介契約」「専任媒介契約」「専属専任媒介契約」の3種類があります。

① 一般媒介契約

　同時に複数の宅建業者に媒介を依頼することができる契約です。一般媒介契約では、依頼者が自分自身で不動産取引の相手を見つけて契約を締結したり、他の宅建業者が媒介した相手と契約を締結した場合は、その旨を業者に通知しなければなりません。

もし、依頼者が通知し忘れた場合には、依頼した業者に対して媒介のために要した費用を賠償しなければなりません。

② 専任媒介契約

他の宅建業者に重ねて媒介を依頼することができない契約です。依頼者が自分自身で不動産取引の相手を見つけて契約を締結することはできます。ただし、同一物件につき依頼者が他の宅建業者の媒介した相手と契約を締結した場合には、専任媒介契約を締結した宅建業者に対して報酬額と同じ金額の違約金を支払う義務があります。

専任媒介契約を締結した宅建業者は、契約を結んだ日から7日以内に不動産物件をレインズ（後述）に登録して、売買契約成立へ向けて尽力しなければなりません。

③ 専属専任媒介契約

依頼者が、依頼をした宅建業者が媒介した相手以外の者と売買契約を締結することができない専任媒介契約です。専属専任媒介契約を結んだ場合、同一物件につき依頼者が、他の宅建業者が媒介した相手と契約を締結した場合はもちろん、依頼者自身で不動産取引の相手を見つけ出して契約を締結した場合も、専属専任媒介契約を締結した宅建業者に対して規定の報酬額と同じ金額の違約金を支払う義務があります。

専属専任媒介契約の場合は専任媒介契約よりも宅建業者の負う履行義務は強く、宅建業者は契約後5日以内に不動産物件をレインズに登録しなければなりません。

● 専任媒介契約のメリット

上記の通り、専任媒介契約（専属専任媒介契約を含む）は、一般媒介契約と比べて、いろいろな面で条件が厳しいように見えますが、専任媒介契約でなければ利用できない特権もあります。それが、指定流通機構の利用ができることです。指定流通機構とは、国土交通大臣によって指定されている不動産物件諸情報交換のための不動産情報ネッ

トワークシステムを運用している組織のことで、レインズとも呼ばれます。東日本不動産流通機構、中部圏不動産流通機構、近畿圏不動産流通機構、西日本不動産流通機構の4つがあり、買主などを検索することができます。専任媒介契約をする際には指定流通機構に登録することが義務付けられています。指定流通機構への登録により、全国の不動産業者が物件の情報を共有することができますので、より多くの人に募集をすることが可能になり、かなり効果的といえます。

◉ 宅建業者に支払う報酬は事前に明確にしておく

宅地建物取引業者（宅建業者）の媒介によって依頼者の希望する条件通りの不動産取引が完了した場合、宅建業者には依頼者に対する報酬請求権が生じます。もちろん宅建業者としての免許がない者には仲介業務を行っても報酬請求権は発生しません。また、媒介契約を締結していないのであれば、たとえ宅建業者が勝手に情報を提供してきても、報酬請求権は生じません。

不動産業者（宅地建物取引業者）に支払う報酬については、国土交

■ 媒介契約の種類

種　類	内　　容
一般媒介契約	・同時に複数の宅建業者に媒介を依頼できる
専任媒介契約	・他の宅建業者に重ねて媒介を依頼できない ・同一物件につき他の宅建業者が媒介した相手と契約することを禁止
専属専任媒介契約	・他の宅建業者に重ねて媒介を依頼できない ・同一物件につき他の宅建業者が媒介した相手と契約することを禁止 ・依頼者自身が見つけた相手と契約することも禁止

通省の告示で上限額が定められています。賃貸借契約の媒介や代理については、以下のように上限額が定められていますので、不動産業者に仲介を依頼するにあたって意識しておきましょう。

・**居住専用建物についての賃貸借の媒介**

上限額は「(賃料1か月分の2分の1)×1.08」の金額です。

たとえば、賃料8万円の居住用アパートの場合、不動産業者は、賃貸人・賃借人から各4万3200円を受け取ることができます。賃貸人・賃借人のどちらかが総額8万6400円を支払うと定めることもできます。

・**居住専用建物以外の建物や宅地についての賃貸借の媒介**

上限額は「賃料1か月分×1.08」の金額です。

・**賃貸借の代理**

上限額は「賃料1か月分×1.08」の金額です。

● 管理とはどのようなものなのか

仲介と共に重要な仕事となるのが賃貸物件の管理です。

賃貸物件の管理と言っても様々です。代表的なのが家賃の管理や賃貸物件の管理などです。この管理業を賃貸人の家族や賃貸人自ら立ち上げた管理会社に任せるのも1つの手段ですが、ここでもやはり不動産業者を利用した方が無難です。アパート・マンション経営の基本は何と言っても「安定した家賃収入の確保」ですから、不動産取引のエキスパートである不動産業者にお願いした方が安心です。なぜここまで不動産業者を勧めるのかと言うと、賃貸物件の家賃滞納問題や物件を明け渡す際の原状回復費を決めることなどでトラブルが続出し、個人で解決するには限界があるからです。賃貸物件の管理費は賃料の10％程度になることもありますが、この管理費をカットしてしまうと、賃貸物件の収益力を維持することが難しくなります。管理費(管理報酬)は「コスト」ではなく、「必要経費」なのです。

● 仲介と管理はセットなのか

　不動産業者は賃貸人の代わりに賃貸借契約の代理をしたり、賃貸物件の管理もしてもらえますが、仲介手数料を支払ったからといって管理業務まで行うわけではありません。近年、入居者との賃貸トラブルに巻き込まれないために仲介業務と管理業務をセットにした業務委託契約を提示する業者も多くなりましたが、必ずしもセットにしなければならないわけではありません。賃貸人自らが自己責任で管理業務を行うことも十分可能ですが、管理業務を委託しないのであれば、できる限り自力でトラブルを解決するようにしましょう。

● 費用負担をめぐるトラブルも多い

　不動産業者は無償で仕事をしてくれるわけではありません。依頼した仕事に対しては必ず費用の支払いをしなければなりません。まず、入居者を募集するために物件情報誌や物件情報サイトに載せようと思っても、そこには当然広告費がかかります。広告費とは仲介業務の中に含まれているものなので、原則として賃貸人の負担になります。中には無料で引き受ける仲介業者もありますが、手抜きをされてしまうおそれもありますので、事前にチェックする必要があります。

　次に、事務処理手数料を兼ねて仲介手数料の前払いを求めてくる仲介業者もいます。仲介手数料とは入居者が決まってから支払う成功報

■ 不動産業者に対する手数料・報酬の支払い

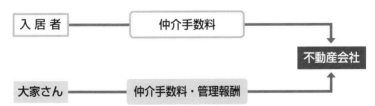

酬ですので、事前に支払う必要はありません。中には仲介手数料以外の報酬を事前に求める業者もありますが、契約が成立するまで報酬請求権は発生しませんので、事前に報酬の支払いを請求されてもしっかりと断るのと同時に、その業者とはすぐに手を切るべきです。

● 仲介業者がミスをした場合には

　仲介業者がミスをした場合は仲介業者にトラブルを解決するように求めることができますが、トラブルの原因を作ったのは賃貸人自身である場合もあります。たとえば、契約物件についての説明と実際の物件の現状が違っていたケースで、仲介業者がきちんと説明をしていなかった場合は錯誤（表意者自身が法律行為の重要な部分について思い違いをしているにも関わらず、表示と真意との食い違いに気づいていない場合のこと）によって賃貸借契約が取消しになることがあります（民法95条）。この場合、業務管理委託契約の債務不履行を理由に仲介業者に債務不履行責任を問うことができます。ただし、賃貸人が提供した資料が間違っていたことが原因で仲介業者が重要事項の説明を間違えたという場合には、賃貸人の責任になってしまいますので、仲介業者に責任を問うのは難しくなります。

　また、暴力団関係者など、本来入居を拒否しているはずの人が入居することになった場合、審査など、ほとんどの業務を仲介業者に任せているのであれば、仲介業者の債務不履行となるでしょう。しかし、仲介業者は銀行のように必ずしも入居希望の信用調査や身元調査をするだけのノウハウがあるわけではないので、そのような人が入居してしまった場合は、仲介業者と今後の対応を検討する必要があります。

物件広告を出すときに注意すること

実際の物件と異なる情報を記載してはいけない

● どんなことを記載すればよいのか

　物件広告を作成する際には不動産の表示に関する公正競争規約に従って記載しなければなりません。

　物件の種類によって記載事項は異なりますが、中古賃貸マンション・中古賃貸アパートの場合には、以下の事項を記載します。
・広告主の名称・商号、広告主の事務所の所在地、広告主の事務所の電話番号
・宅建業法による免許証番号、所属団体名および公正取引協議会加盟事業者である旨
・取引態様（賃貸人、代理、仲介の別）、物件の所在地、交通の利便、建物面積、建物の建築年
・賃料
・礼金・敷金・保証金などを必要とするときは、その旨およびその額
・住宅総合保険等の損害保険料等を必要とするときはその旨
・管理費・共益費など、定期建物賃貸借であるときはその旨およびその期間
・取引条件の有効期限

　広告の媒体によって、記載事項を一部省略することができます。

　この他に、駐車場の有無や、ペット可の物件なのか、物件の近くにスーパーがあればその旨を記載すると広告を見た人により魅力を感じてもらいやすくなります。

● 広告を出す際の注意点とは

　不動産を探す人にとって物件広告の情報は重要です。不動産業者に物件広告を作成してもらう際には正確な情報を記載しているかをチェックしなければなりません。これは何も不動産業者だけが関係しているものではなく、賃貸人側も気をつけなければならないことなのです。賃貸人側から提供された情報が実際の物件とは異なる情報であった場合は、入居者から賃貸人にクレームがくるおそれがあります。このクレームが原因でせっかく契約が決まったとしても契約を解除されたり、入居してからクレームが来た場合は引越し費用を請求されるトラブルにまで発展するケースもあります。1日でも早く入居者を見つけたいがために、実際の物件と違う情報を掲載することや、実際よりも著しく有利または優良であるのを誇張することは法律上規制されています（景品表示法4条、宅建業法32条）。

　不動産を探している人にとっては物件情報に載っていることを基に物件を決めているわけですから、賃貸物件のありのままを正確に伝えなければなりません。

● 業者には説明義務がある

　物件を探している人はその物件情報だけで判断しなければならないので、より魅力的な広告を出したいと思うものですが、物件の難点も含めて入居者に伝えなければなりません。これを怠ると賃貸借契約が取り消されたり、賃貸人の説明義務違反による債務不履行責任（民法415条）を問われ、賃貸借契約を解除されたり、損害賠償請求を起こされてしまうこともあります。

　できる限りマイナス面は隠したいと思うのは当然ですが、これらのトラブルを未然に防ぐためにもマイナス面も含めて物件情報として提供しなければなりません。

● 物件の現状を確認してもらう

　物件広告は入居希望者を惹きつけることができるかどうかが重要なのですが、広告に記載されている内容と実際の物件と違っていることもよくあることです。

　たとえば対象物件の近くに空き地があり、その空き地に、賃借人の入居後まもなく埋葬場が建設されたのですが、埋葬場の建設について賃貸人が何も説明していなかったとします。この場合、賃借人による錯誤による契約の無効の主張（2017年の民法改正で錯誤は無効事由から取消事由に変更されています）が認められることもあります。そうなれば、引越し費用や仲介手数料などを返還しなければならなくなります。賃貸人にとっては大ダメージとなってしまいます。

　賃貸借において、賃貸人と入居者との間の信頼関係が損なわれてしまうと簡単にトラブルが発生してしまいます。それを未然に防ぐためにも必ず現地確認や物件内覧によって、入居希望者に物件の現状を確認してもらってから契約手続きをするようにしましょう。

■ 様々な広告を使って行う不動産業者の集客方法

賃貸仲介業では、賃貸借契約が成立して初めて売上げとなる

↓

賃貸借契約が成立するためにはお客さんに店舗に来てもらう必要がある

- 管理物件の看板
- 通りがかり
- 駅前の看板
- クチコミ
- 地域の情報誌
- ホームページ
- 不動産情報のサイト
- 不動産情報誌
- タウンページ
- 折込チラシ

→ 不動産業者 ← 来店

入居者を選別するときに注意すること

無用なトラブルをかかえないように気をつける

● 支払能力や人物をチェックする

　入居希望者が見つかって賃貸人としては一安心かもしれませんが、まだまだ安心できません。その入居者は本当に貸主にとって「優良な」入居希望者でしょうか。まずは入居希望者に以下のことを聞いて審査するようにしましょう。①入居の動機、②保証人の有無、③勤務先と勤続年数など主要な事項を確認することが大切です。たとえば、入居希望者が実は家賃滞納常習犯で、前のアパートから追い出された人だというケースもありますので、忘れずに確認するようにしましょう。なお、一般的には、借主の家賃を支払う能力を判定する基準として、家賃の月額が年収の3分の1を上回っていないかどうかにより判断する場合が多いようです。

● 審査の流れと提出書類について

　入居希望者に主要な事項を確認し忘れて素行のよくない入居希望者と契約してしまうと、入居を始めた途端、賃貸物件を乱雑に扱ったり、近隣の入居者とトラブルを起こしかねません。その結果、優良な入居者が退去してしまい、新規の入居者が見つからないという負の連鎖が起こってしまいますので、しっかりと見極めなければなりません。審査をする際に入居希望者にはまず、入居申込書に必要事項を記載させてから入居希望者と面談しましょう。チェックする内容は、入居者や保証人の経済力と入居者の人柄です。入居者審査で入居希望者に問題があると判断した場合には必ず断るようにしましょう。ここで「1日でも早く空室をなくしたい」と思って契約してしまうと今後トラブル

を引き起こし、賃料以上にムダな費用と時間をかける結果になりますので、問題があると判断した場合には即断るようにしましょう。

● 入居を拒否したことがトラブルにつながることもある

　賃貸人が入居希望者を審査し、入居してほしくないと判断した際に気をつけたいのが、どのように断るかということです。近年単身のお年寄りの方や外国人、障害者の方の入居が増えてきましたが、入居を断る際にはできる限り早い段階で断るようにしましょう。これが契約締結に近い段階で断ってしまうと、信義則上の配慮義務違反になり、損害賠償義務を負う可能性があります。また、入居審査の際に入居申込書の記載をお願いすると「プライバシーに関わる事項は記載したくない」と断られたり、入居を断った際に「なぜ入居を断られたのか理由を教えてほしい」と言われることもあります。入居申込書の記載を断る入居希望者にはなぜ記載する必要があるのかを説明し、納得してもらった上で必要な書類を提出してもらうようにしましょう。

　また、入居拒否理由の開示を求められても答える義務はありませんので、後々のトラブルを避けるためにも結果だけを伝え、やんわりと断るようにしましょう。

● 個人情報の取扱いには気をつける

　入居希望者の入居申込書に記載された事項などは、個人情報保護法上の個人情報にあたりますので、利用目的の範囲内での使用しかできないように規制されています。賃貸人が自ら個人情報を取得する際には、利用目的を事前に公表するようにしましょう。また、入居者の個人情報を勝手に第三者に開示または提供することは個人情報保護法違反となる場合があるだけでなく、内容いかんによっては個人のプライバシーの侵害にもあたり、最悪の場合、訴訟で慰謝料を請求されることもありますので、細心の注意を払うようにしましょう。

13 共益費・管理費をめぐる問題点について知っておこう

必要以上に高額に設定するとトラブルになる

● 共益費や管理費を設定するメリットとは

　共益費や管理費は建物の共用部分を使用したり、維持管理するための対価です。管理費・共益費の使用途に関しては、アパート・マンションの規模や、施設の充実度によって異なりますので、必ずしも明確ではありません。具体例としては、共有スペースの電気の保守や電球交換費や共用水道料金、ゴミ置場の清掃費などに用いられます。建物全体、賃借人全体のための負担金という意味合いがあります。共益費や管理費については、共益費や管理費を含めた額を賃料として表示することもできますが、別々に設定することで、費目ごとの値上げを検討することができます。また、賃料と共益費・管理費の合計額は同じでも、共益費や管理費を賃料と別に設定することで、賃料の負担が少ないように見せることができます。ただし、入居希望者の誤解を招くような表示は避けなければなりません。

● 必要以上に高い共益費をとった場合にはどうなる

　賃料を低く見せるために、共益費を必要以上に高く設定することはできません。必要以上に共益費を高く設定した場合、賃料という重要事項について事実と異なることを告げて契約を勧誘（消費者契約法4条1項1号）することになりますから、賃借人は契約の取消が可能です。この場合、詐欺による意思表示に基づく取消も可能です（民法96条、消費者契約法6条）。取消を禁じる規定を契約書に入れても、消費者の利益を一方的に害するとして、消費者契約法10条により無効となる可能性が高いといえます。

● 管理費・共益費の値上げに応じない借主への対処法

　管理費や共益費は、たとえば、敷地や建物の火災保険・住宅総合保険などの各種保険の掛け金、破損した箇所の修繕費、廊下・エレベーターなどの共用部分の維持費や電気代などに管理費や共益費が使われます。このような経費に使われているという性質上、値上げ請求に合理的な理由があれば、借主は値上げを拒否することはできません。

　ただ、共益費や管理費というのは実質的には家賃と同様に扱われていることもあり、管理費や共益費のうち多くの部分は、家賃の一部に充当されているのが現実です。これは、貸主が家賃を値上げする場合に、いきなり大幅に増額すると、借主から拒否される恐れがあるので、値上げ幅の一部を管理費に組み込んでしまうということです。

　そのため、管理費や共益費が家賃の一部として利用されるのであれば、正当な理由のない値上げは拒否されてしまうこともあり得ます。

　一方、貸主が管理費や共益費の使用途を示し、純粋な管理費や共益費に不足が生じている場合、超えていることを指摘した上で、値上げ幅を低く抑えるなど対策をとった上で、再交渉してみるとよいでしょう。

■ 共益費・管理費の使用

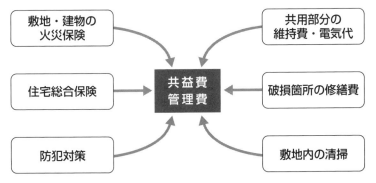

賃貸人の修繕義務について知っておこう

物件の修繕は法律で定められた賃貸人の義務である

● 賃貸人が修繕をしなければならない範囲とは

　賃貸借契約において、賃貸人（大家）は居住に適する物件を賃借人に提供しなければなりません。賃借人の責めに帰すべき事由（故意または過失）で物件が傷ついた場合は、賃借人が修繕しなければなりませんが、賃借人の責めに帰すべき事由がないのに物件が破損または汚損し、生活（使用・収益）に支障を来す場合、賃貸人が修繕する義務を負います（民法606条1項）。ここで「生活に支障」を来すとは、物件が「住居として用をなさない破損や汚損」を意味すると考えられています。たとえば、配水ポンプが壊れて水が出ない場合です。賃貸人が修繕義務を怠ると、破損や汚損によって賃借人の生活に支障が生じている状態ですので、賃借人が修繕を行うこともあります。2017年の民法改正では、物件の修繕が必要である場合に、賃貸人が修繕に応じないときや、急迫の事情のあるときは、賃借人が物件を修繕することができる旨を明記しています（607条2項）。

　修繕に要した費用は、部屋の管理・維持のために必要な費用といえるため、必要費と扱われるのが通常です。必要費は本来賃貸人が支出すべき金銭ですから、賃貸人は費用を負担した賃借人から「直ちに」費用の償還を請求されることになります。賃貸人が支払いを拒否すると、留置権（物を留め置くことで間接的に支払いを強制できる権利）に基づき、必要費が支払われるまで契約終了後の物件の明渡しを拒まれるおそれもあります（民法295条1項）。また、必要費を支払わない特約を契約書で定めても、一方的に賃借人の利益を害するとして消費者契約法10条により無効となるおそれがあります。

● 賃料の減額や相殺を求められる場合とは

　賃貸物件の一部が滅失などで使用・収益できなくなった場合、賃借人から賃料減額請求（一部の支払拒絶）を受けることがあります（民法611条1項）。たとえば、排水管が詰まったのに賃貸人が修繕を行わなかった事例で、賃料3割相当額の支払拒絶が裁判で認められています。なお、2017年の民法改正により、一部の使用・収益が不能となった場合、賃借人からの請求がなくても、賃料が当然に減額されると改められた点に注意が必要です（611条1項）。

　また、賃借人が修繕をした場合には、相殺禁止特約（民法505条2項）がない限り、修繕費（必要費）と賃料との相殺を求められることもあります。

● 修繕についての費用は負担させることができる

　賃貸人の修繕義務（民法606条）については、特約で異なる定めをすることができます。そこで、必要な修繕のうち一定のものを対象として、賃借人が修繕する（または修繕費用を負担する）との特約をすることが可能です。しかし、どんな修繕も賃借人に負わせてよいわけではなく、小規模な修繕について「小修繕は賃借人が行う」との規定

■ 賃貸人の修繕義務の有無

例	修繕義務
少しの雨で雨漏り	○
ドアに鍵がかからない	○
窓わくが外れた	○
ドアの開閉時に気にならない程度にギイギイ音がする	×
支障のない程度に戸の立て付けが悪い	×
畳、建具が使える程度に老朽化	×
借主の過失による破損	×

を契約書に盛り込むのが一般的です。その上で、「小修繕」を明確にするため、一覧表などで具体的に記載します。

● 修繕にかかる費用は適正なものでなければならない

　賃借人に修繕費用を負担させる場合でも、適正金額を超えた負担を請求することはできません。しかし、どこまでを適正というかが難しい場合もあります。たとえば、賃借人が建物の外壁1枚に著しい傷をつけたので業者に修繕を頼んだところ、1枚だけ綺麗なのは見栄えが悪いので、結局1面10枚をすべて取り替えた場合、1枚の修繕費用を超える部分は適正といえません。外壁9枚の利益は賃貸人が得ているからです。一方、リフォームは修繕と異なり、賃貸人の義務ではないので、賃借人によるリフォームの費用請求を承諾するか否かは賃貸人の自由です。次のチェックポイントで判断するとよいでしょう。

・賃貸人としての目線で考えて必要性がなければ、検討しない
・必要性があっても、次の入居者募集に役立ちそうになければ断る
・賃借人の費用負担で退去時に撤去することを条件に承諾する

　ただし、リフォームにより増加した価値が契約終了時に残っていれば、賃借人から価値増加分を有益費として求められることがあります（民法196条2項、608条2項）。

● 賃借人には受忍義務がある

　部屋の維持・管理に必要な修繕は賃貸人の義務です。修繕により物件の機能が回復する点で、賃借人にもメリットがあるため、賃借人は賃貸人が行う修繕を拒否することができません（修繕受忍義務、民法606条2項）。賃借人が修繕を拒否した場合は、それが受忍限度を超えない限り、賃貸人は契約解除ができるとした裁判例があります。ただし、外泊を要するような大規模な修繕工事をするときは、外泊費を賃貸人が一部負担するなどの一定の配慮が必要です。

用法違反や目的外利用について知っておこう

使用方法について契約で定めておくことが大切である

● どんな場合に用法違反にあたるのか

賃借人は、建物を契約または建物の性質によって定まった用法に従って使用する義務があります（民法616条、594条1項）。

建物の性質によって定まった用法というのは、その建物の使用方法として非常識なことはできないという意味です。たとえば、「賃借人宅は子供が騒々しい」「ペットを飼っている」「あまり掃除をしない」「網戸が破れたままだ」というケースでは、まだ非常識な使用とまではいえないと考えられます。ただ、建物の管理・維持をしていく上で、「非常識でなければどのように使用されてもかまわない」ということにはならないでしょうから、賃貸人としては望まない使用方法をあらかじめ契約で定めることになります。

● どんな規定を盛り込むとよいのか

賃貸人の希望や過去の苦情を基に、制限すべき使用方法を契約内容に定めます。たとえば、「ペットを禁止する」「店舗や事務所として使用しない」「増改築をしない」「共用部分に物を置かない」「建物内は全面禁煙とする」といった事項です。賃借人の募集に差し障りがなければよいと思われます。

もっとも、賃借人が契約書にサインしたとしても、たとえば、洗濯物の干し方、子供の騒ぎ声、などのように、建物を貸せば常識的に発生する内容を制限するような特約は、消費者に一方的に不利なものとして無効とされる可能性はあります。

● 用法違反があった場合には証拠を残す

　用法違反は賃借人の債務不履行として契約解除の原因になりますから、紛争になっているときには交渉経過を記録に残し、使用方法を写真に撮るなどの証拠を残しておくとよいでしょう。ただし、プライバシー侵害になるような行為は避けるようにしましょう。

● 他の賃借人や近隣住民との関係を考える

　賃借人に迷惑行為があると、他の賃借人や近隣住民の生活の平穏が害され、賃貸人に苦情が持ち込まれます。このような苦情を防止して建物の安全を確保することは、賃貸人または建物所有者として法的義務のひとつだということができます。
　そこで、迷惑行為の禁止特約を契約書に明記するようにしましょう。迷惑行為として、騒音・振動・異臭の発生、危険物占有、不衛生の放置、ゴミ・粗大ゴミ・廃品の放置、営業活動、集会の開催などが考えられます。このような迷惑行為は直ちにやめるように申し入れましょう。もし、迷惑行為がたび重なるときは、特約違反を理由とする契約解除も辞さない態度で臨むべきでしょう。

● 解除や明渡しができる場合とは

　迷惑行為の禁止特約に違反する行為は用法違反にあたりますから、債務不履行に基づき契約解除をすることが可能です。しかし、賃貸借契約は当事者の信頼関係に基づく継続的契約であるため、債務不履行が軽微であって、信頼関係の破壊に至らないときは解除できないという考え方（信頼関係破壊の法理）が判例によって確立しています。ですから、迷惑行為の内容、性質および程度、やめるように申し入れている状況やこれに対する賃借人の態度などを総合的に考慮して、賃貸人と賃借人との信頼関係が破壊されている場合にはじめて解除が認められ、明渡し請求が可能になります。

入居者の自殺や行方不明にどのように対処すればよいのか

必要な説明を尽くさなければならない

● 入居者が自殺した場合の対応

　ここでは、入居者が自殺した場合に早く新しい賃借人に入居してもらうために、賃貸人が採ることができる手段について検討してみましょう。部屋のリフォームや大幅な改装を行い、次の人が入居しやすくする工夫が必要です。

　自殺の痕跡をそのままにして何も知らない賃借人を入居させることは、法的問題を生じさせる可能性があるため、避けなければなりませんが、通常、そのようなことをする賃貸人はいないでしょう。

　では、自殺による賃料収入減少の損害は賠償請求してもらえるのでしょうか。そもそも、自殺によって損害が発生したとしても、すでに賃借人は死亡しているのですから、損害賠償義務を負う者はいないだろうとも考えられます。しかし、賃借人の財産を相続した人がいるのに、賃貸人の損害はその財産によって全く補てんされないというのは不公平ともいえます。相続人は借金などの負債を含めて被相続人（亡くなった者）の権利義務を相続しますから（包括承継）、賃借人に相続人がいれば、一定期間の賃料収入が見込めないことについて、損害賠償請求を交渉する余地はあります。このような損害賠償請求を認めた裁判例もあるようです。

　また、新しい入居者に対しては、その部屋で自殺があったという事実を説明する義務があると考えられます。賃貸借契約から当然に導かれる義務ではありませんが、その部屋で自殺があった事実は、重要事項説明書に記載しなければならないとされています。自殺の事実について説明義務がないという立場もありますが、説明義務がないと考え

たとしても、賃借人が入居後に自殺の事実を知れば、契約不適合な部分があるものとして、契約不適合責任（改正民法施行までは瑕疵担保責任）を問われる可能性があります（民法570条）。

部屋で自殺があった事実を知られてしまうと、新しい入居者は容易には現れないことが想像できます。しかし、説明義務違反や契約不適合責任が成立すれば、契約を解除された上、損害賠償も請求されかねません。このような不利益を負うくらいであれば、必要な説明は尽くした上、安い賃料で入居したもらった方が、回復が早いといえるでしょう。

● 賃借人が行方不明になったらどうすればよいか

賃借人が行方不明になると、その部屋を他の人に貸すことはできない上に、賃料ももらえなくなります。だからといって、勝手に部屋の残置物を撤去してはいけません。もし、入居者が戻ってきた場合には、違法な自力救済として損害賠償請求をされるおそれがあるからです。

行方不明の入居者が出た場合に迅速かつ適切に対応できるように契約書を工夫しましょう。具体的には、行方不明の場合に契約を解除できる旨の条項を入れ、併せて解除通知の送付先を規定しておきます。実務上は、「入居者が無断で1か月不在にした場合」に契約を解除できるとしているものが多いようです。一方、解除通知の送り先は、賃貸物件の所在地および連帯保証人の住所とします。そして、その送り先に送付したことをもって入居者に到達したと扱うことを規定します。一歩踏み込んで、入居者が所在不明になった場合には、「入居者が解約申入れをしたとみなす」旨の規定を入れる方法も考えられます。

実際に入居者の所在が不明になった場合は、本当に行方不明なのかどうかをしっかり調査することが重要です。行方不明ではなく長期出張や長期旅行の可能性もあるからです。

調査は、電気やガスなどの利用状況や、親族、連帯保証人、緊急連絡先への照会などを行います。また部屋への立入調査も行います。部

屋の家財道具が処分されており、夜逃げ同然の状況である場合や、書き置きがある場合は、明らかに賃借権を放棄したといえるので、解除が認められることもあります。しかし、部屋には家財道具がそのまま残っていて、戻ってくればすぐに生活を再開できる状態だと、すぐに契約を解除するのは危険です。行方不明ではない可能性があるからです。この場合は、手間と時間はかかりますが、訴訟を提起して契約を解除する旨の判決を取得するのが安全です。

● 残置物の処分について

契約を解除した後は、行方不明の入居者が残していった残置物の処分をどうするかが問題になります。残置物については入居者に所有権があります。したがって、残置物を勝手に処分すると他人の財産を勝手に処分したことになり、賃貸人が法的責任を問われる可能性があります。もし契約の解除後に行方不明の入居者が見つかったのであれば、本人に部屋の残置物（荷物）を引き取るように求めます。引き取りの求めに応じない場合は、代わりに部屋の中の残置物についての所有権を放棄するという確認書を書いてもらうようにしましょう。この確認書があれば、賃貸人は残置物を自由に撤去・処分できます。なお、残置物の処分費用は、原状回復費用に含まれるので敷金から差し引くなどの方法で入居者に負担させます。

一方、契約解除後も入居者が見つからない場合はどうすればよいのでしょうか。この場合は、訴訟を提起して部屋の明渡しを命じる判決を取得した上で、強制執行を実施し、執行官に家財道具を撤去してもらいましょう。

なお、滞納している賃料があれば、裁判の際にその支払いを命じる判決も取得しておくとよいでしょう。そして、強制執行として明渡執行の申立てと同時に動産執行の申立てを行い、動産（家財道具）の競売代金から滞納分の賃料を回収します。

Q 入居者がボヤをだした場合、入居者にどのような責任を問えるのでしょうか。

A 入居者の不注意でボヤが発生し、部屋の設備が破損した場合に入居者が負う責任は、不注意の程度により異なります。本来、不注意によって他人の財産等に損害を与えた場合、不法行為責任を負います。しかし、失火については失火責任法が適用され、不法行為責任を負う場合が制限されています。具体的には、失火について、故意（わざとやった）または重過失（大きな不注意）がない限り、入居者は不法行為責任を負いません。したがって、入居者の寝タバコが原因でボヤが起こった場合、賃貸人は、入居者に重過失があると認定されない限り、不法行為責任を追及できません。

ただし、入居者は、不法行為責任とは別に、賃貸人に対して債務不履行責任を負います。入居者は賃貸物を破損することがないよう大事に使用・保管する義務（善管注意義務）を負っています。ボヤによって部屋の設備を壊し、賃貸物件の財産的価値を減少させると、この善管注意義務違反（債務不履行）になるわけです。したがって、賃貸人は、入居者に対して、債務不履行を理由とする損倍賠償を請求できます。

また、入居者との契約を解除して、退去を求めることも可能です。火事によるリスクに備えるために検討しておくとよいのが、入居者の失火やガス事故などを補償する借家人賠償責任保険です。万が一の場合に備えて、賃貸人は火災保険に加入していますが、入居者にも借家人賠償責任保険に加入してもらえればさらに安心です。そこで賃貸借契約書の中に、入居者に対して借家人賠償責任保険への加入を義務付ける特約を入れましょう。なお、加入する保険は、通常、賃貸人の側で指定します。建物賃貸と保険は密接なつながりがあるため、この特約は適法と考えられます。また、入居者が保険に加入しない場合、契約違反になるため、契約解除が可能な場合があります。

家賃について知っておこう

ある程度相場は決まっている

◉ 家賃は前払いが実情

　家賃は主に居住用の建物の利用料を指します。法律上は、あらゆる物の利用料を賃料、借地の利用料を地代、借家の利用料を借賃と定義しています。

　家賃の支払時期は、法律上は月末払い（後払い）を原則としていますが、実務上は前払いとすることが多いようです。一般的には、月末に翌月分の家賃を支払うという形がよくとられています。中には、毎月の支払の手間を省くため、数か月分の家賃を一括して前払いすると定めている賃貸借契約もあります。

◉ トラブルが生じないように支払方法を定める

　賃料の支払方法については、原則として借主が貸主の住所地に赴いて支払いを行うことになっています（民法484条）が、必ずこの方法をとらなければならないわけではありません。

　大きく分けて、借主の方から支払に行く場合と、貸主側が取立てに行く場合のどちらかを選ぶことになります。実際には、賃料の支払に銀行振込や自動引き落としもよく使われていますし、毎月の取立ても、直接貸主や地主が借主の元へ訪問するのではなく、別の業者に委託している場合もあります。貸主が賃貸物件近くに住んでいる場合には、直接賃料を持ってきてもらうと、借主と定期的にコミュニケーションをとることができるという利点があります。

　支払方法をどのように決めるのかはとても大切です。支払方法の定め方が原因で、後々厄介な問題が生じることもあります。

たとえば、賃貸借契約書で「借主が銀行振込みで家賃を支払う」と定めていたとしても、口座への入金を滞納する借主は現れるでしょう。この場合、貸主としてはやむを得ず、借主の元へ家賃の取立てをせざるを得なくなります。ただ、その結果、取立てによって賃料を回収する慣行が定着してしまうと、後に貸主が振込みの滞納を理由に契約解除を申し立てたとしても、借主に「取立てに来なかった貸主に責任がある」という言い分をする余地を与えることになるのです。これでは契約書で支払方法を銀行振込と定めた意味がありません。

したがって契約書において定められた支払方法ではない方法による支払いは、例外的な場合のみに許容し、できる限り契約書通りの支払方法での支払いを促すべきでしょう。実際、月によって支払方法がまちまちになってしまっては家賃管理を行う側も事務が煩雑となります。滞納が生じた場合に契約を解除することは可能ですが、明渡訴訟は時間も費用もかかりますので、上手に回収する必要があります。

● 賃料の相場について

賃料には、その地域ごとにある程度相場が決まっています。
家賃の相場については、近隣の賃貸物件の相場以外にも立地条件・

■ 賃料の相場

家賃の相場	・近隣の賃貸物件の相場 ・立地条件、建物の築年数、設備、利便性
地代の相場	・近隣の土地の相場 ・地質や周囲の環境、土地の使用用途 ・固定資産税相当額の倍率が目安
家賃・地代に共通する相場	・固定資産税の額の倍率が目安 ・路線価、公示価格

建物の築年数・設備・利便性といった事情も考慮して決められるのが通常です。主に駅やスーパーが近場にある場合や、建物の高い階にあるほど賃料は高くなります。具体的な近隣の相場については、不動産会社をいくつか回れば把握することができます。

最近は、インターネットでも地域ごとの家賃相場は紹介されているので、貸主としては事前に下調べをしておきたいところです。相場の調査から家賃の査定まで、業者に依頼して調べてもらうのも1つの方法といえるでしょう。

一般的には、家賃の額を決める際には、固定資産税（土地や家屋を所有している人がその資産価値に応じて納める税金のこと）の額の倍率を目安にして価格を設定する方法がよく使われています。なお、この倍率についても地域によって差があります。特に首都圏の付近の土地となると、家賃の額も高くなります。

その他、路線価（道路に面する土地の標準価格のこと）や公示価格（地価公示法に基づいて出される土地価格のこと）も、家賃を決定する際に参考になることがあります。

■ 時価の種類

	種類	内容
①	取引価格 （実勢売買価格）	現実の売買価格に基づく実勢の価格。
②	公示価格 （標準価格）	毎年1月1日に改定され、3月末に公表される。取引価格の約90％。
③	相続税評価額 （路線価格）	地価公示価格と同時に改定され、8月頃に公表される。公示価格の約80％。
④	固定資産税評価額	固定資産税を課税するための時価で3年ごとに見直される。公示価格の約70％。

● 契約後、入居前までの期間の日割家賃の請求の可否

　日割家賃の請求とは、たとえば、11月20日に借主とマンションの賃貸借契約を結び、入居日を翌月1日とした場合で、11月20日～11月30日までの家賃を請求できるかという問題です。

　この例の場合、貸主は借主の入居前であっても家賃を請求できます。入居予定者はたとえ実際に入居していなくても、契約開始日以降の家賃を支払う義務があります。このように、入居可能日から次の家賃支払日までの期間について、日割で請求できる家賃のことを前家賃といいます。

　契約は、当事者間の合意によって成立します。そして、契約が成立した時点で、法的な効力が発生します。つまり、賃貸借契約で、「契約開始日は〇月〇日とする」と定めてあれば、その日から契約の効力が発生しますので、借主の入居前であっても契約開始日から家賃を請求できることになります。

　貸主としては、収入が増えることになり、得をすることになりますが、家賃請求をしたり、家賃を受け取ることで、契約開始日から特定の借主のためだけに部屋を提供する義務も生じます。契約時に前家賃について借主によく説明しておくことが必要です。

■ 日割家賃の支払い

➡ 実際に入居するのが12/1であったとしても、
　11/20から11/30までの家賃も支払う必要がある

賃料改定をめぐる問題点について知っておこう

賃貸人も賃借人も賃料の変更を請求できる

● 物価上昇分についての値上げ

　賃料は、本来は賃貸人と賃借人の合意によって決まるものですから、後から賃料の是非を争うのは一般的には、あまりよいこととはいえません。しかし、経済の状況は絶えず変化します。土地建物の税金、近隣の不動産価格や賃料の相場など諸々の事情が変わり、一度は決めた賃料が不相当になることは否定できないでしょう。

　そこで、賃貸人または賃借人のいずれからも、将来に向かって賃料の増減を請求することが認められています（借賃増減請求権、借地借家法32条）。賃料の金額の変更が認められるのは、以下のような正当な理由がある場合に限られます。

・税金など、土地や建物にかかる経費の増加があった場合
・経済事情の変動によって物件の価値が大きく変化した場合
・近隣の同種の賃料と大きな差がある場合

　契約書に賃料の変更について言及していない場合でも、法律上は借賃増減請求を行使することは可能ですが、将来的に賃料を上げる可能性がある場合、契約書には将来の状況によっては賃料の変更も行うことがある旨を明記しておく必要があります。

　ただ、賃料の値上げや値下げは、貸主と借主との間で利害が相反する問題であるため、すんなりと話が通らないことも多く、トラブルも頻繁に起こっています。そのため、中にはあらかじめ契約書に「何年経過した後は家賃を〇円値上げする」というように明記し、年数が経つごとに値上げをする額を決めてしまっている場合もあります（賃料自動改定特約）。

賃料の値上げに正当な理由があれば、必ずしも値上げをすることに対して、借主からの同意は必要ありません。しかし、値上げについて借主の同意を得られなかった場合、貸主と借主の間で賃料の交渉を行うことになるのですが、そこでも折り合いがつかないとなると、賃料の値上げをするには調停や訴訟に持ち込まざるを得なくなります。

もし、訴訟ということになれば、最終的な賃料は裁判によって決定されることになります。裁判でも値上げの理由が正当なものであるかどうかが争点となるでしょう。また、賃料の値上げを認めるとした場合でも、貸主の提示した金額をそのまま認める場合と、それより低い金額で値上げを決定する場合とがあります。

なお、定期借家契約では、賃料改定に関する特約を定めることで、借賃増減請求権は適用除外となります（借地借家法38条7項）。

● 賃料増額はどの程度までできるのか

賃料をいくら増額請求するかということに上限が定められているわけではありません。しかし、近隣と見合わないような賃料を賃借人が受け入れないことは明らかです。

上記の通り、協議が整わなければ調停、それでもうまく行かないときには裁判によって賃料が決定されることを踏まえると、最終的には増額が正と証明できるだけの確実な資料や根拠があるかによって増額

■ 家賃の増額請求

増額された家賃
将来に向って効力を生ずる
10年前の契約時の家賃
現在

できる金額が決まることになります。

　なお、賃貸借契約の中で「○年間は賃料の増額はしない」のように、一定期間賃料の増額をしない旨の特約を定めている場合には、賃貸人はその期間内は賃料の増額を請求することはできません（借地借家法32条1項）。

● 賃料自動改定特約を置くことはできるのか

　たとえば「5年毎に5％賃料を増額する」というように、賃料自動改定特約を置くことは自由です。不動産が高騰している頃には実際に行われていたようです。しかし、結果として賃料が不相当に高額となれば、賃借人から減額を請求される（借賃増減請求権の行使を受ける）ことは否定できないでしょう。これを認める裁判例もあります。また、あまりにも賃借人にとって不利な賃料自動改定特約であれば、その特約自体が無効となってしまう可能性があります。

　賃料自動改定特約を設定する場合、通常は、最初の賃料を安くして徐々に賃料を高くしていきます。

　たとえば、周辺の家賃相場よりも2万円ほど賃料を安くしておき、契約更新のたびに1万円ずつ賃料を増額していき、最終的に相場と同じ程度の賃料とします。こうすれば、賃借人の負担が不当に重くなる

■ 賃料自動改定特約の規定例

> 第○条
> 　賃料は1年ごとに改定する。改定ごとに賃料は年2％ずつ増額する。

※注意点
・通常は当初の賃料を安くしておき、徐々に賃料を増額していくことで賃料を相場に近づけるという手法がとられる。
・改定による賃料増額の幅があまりにも大きいと、賃料自動改定特約自体が無効になる可能性がある。

ということはありませんので、特約が無効になることはないですし、賃貸借契約を締結した直後は賃料が安くなっていますので集客効果も見込めます。

● 過去の家賃についての増額請求の可否

家賃の変更については、借地借家法32条に「当事者は、将来に向かって家賃の増減を請求することができる」と規定されています。つまり、請求時までに支払済みの家賃に対して、遡って増額・減額を請求することはできません。

貸主と借主との間では、契約の時に決めた家賃の額が契約内容であり、両者を拘束しますから、遡って変更することは認められていないのです。家賃は、貸主が借主に対して値上げを請求し、それが協議や訴訟などを経てはじめて増額され、過去には遡らず、将来に向かって効力が生じることになります。

● 賃料表示の仕方について

居住用物件として賃貸する場合には原則として非課税ですが、オフィスなどの事業用物件として賃貸する場合には、賃料に消費税がかかります。賃料の表示の仕方については、賃料を含めた総額表示が義務付けられています。そのため、税抜価格を併記するのでなければ、消費税を含めた総額を表示します。詳しくは税務署などに確認しておくことが必要です。

賃料改定で賃借人とトラブルが生じた場合、その後に賃借人との間で賃料の協議が整ったにも関わらず、実は消費税は別であることを後で主張したばかりに協議が白紙撤回になるのでは元も子もありません。これを防ぐためにも、賃料に消費税を含むか否かをきちんと表示しておきましょう。

● 賃借人が賃料の減額を求めてきたら

借地借家法は、賃料の増減が当事者間での協議で整うことを認めていますから（借賃増減請求権）、これによって解決することがよいでしょう。協議が整わない間は、賃貸人は減額の裁判が確定するまでの間、相当と認める賃料を請求することができます。ただし、請求していた賃料が裁判によって確定した賃料を上回る場合、賃貸人は受領時から年1割の利息をつけて、その超過額（差額）を返還しなければならなくなりますので注意が必要です（32条3項）。

● 話し合いがまとまらないときは

賃料の増減について当事者間の協議が整わないときには、裁判所が賃料を確定することになります（借地借家法32条2項・3項）。

ただし、裁判所に訴えを提起する前に、原則として、土地または建物の所在地を管轄する簡易裁判所に調停を申し立てる必要があります。調停を申し立てずに訴えを提起しても、先に調停が行われます（民事調停法24条の2）。

調停とは、調停委員会が当事者双方の言い分を聞き、あるいは互譲を促すことで、条理にかない実情に即した解決をめざす手続です。民事調停委員はこの種の事件を多数扱い、相場にも詳しいので、協議がまとまらないときには利用するのがよいでしょう。

■ 借主からの減額請求後の家賃

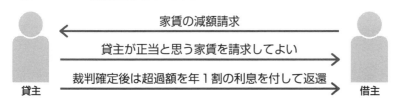

19 家賃のトラブルにはどんなものがあるのか

賃料値上げのトラブルが頻繁に起こる

● 法的に争う価値はあるのか

　借賃増減請求が協議や調停でも解決せずに裁判となり、貸主の言い分である家賃の増額が認められた場合には、借主は、新たに認められた金額と借主が支払い続けていた金額との差額（不足額）を、年１割の利息をつけて貸主に支払う必要があります（借地借家法32条２項）。

　反対に、裁判で借主の提示した金額（支払い続けていた金額）が賃料として妥当であると判断された場合には、借主がその金額を支払い続けることになるだけです。

　裁判をするには時間もかかりますし、いろいろな面でお金がかってしまうものです。たとえば、適正な家賃を決定するためには、不動産鑑定士による鑑定を依頼する必要性も生じます。

　これらのことを踏まえた上で考えると、貸主側と借主側との間で賃料の折り合いがつかないからといって、果たして訴訟を起こす価値があるのかどうか判断するのは難しいところです。不動産の鑑定料に加えて、訴訟費用も自己負担となるからです。賃貸人としては、どの程度の家賃の増額を行うのか、賃貸物件の規模や収益率、借主の人数などの事情を考慮した上で、本当に訴訟を起こすべきなのかを検討する必要があります。勝訴して増額を勝ち取っても、それで得ることになる金額が裁判のための費用に消えてしまっては意味がありません。

● 値上げの申入れから供託まで

　賃料の値上げを行おうとする場合、貸主は借主にその旨を伝えなければなりません。これを「値上げの申入れ」といいます。値上げの申

入れの際には内容証明郵便が利用されています。内容証明郵便とは、郵便局がその内容を証明する文書のことです。内容証明郵便の送付は、値上げを行いたい月から少なくとも数か月前には行う必要があります。

　賃料の値上げを借主に伝えるのは、必ず文書で行う必要があるわけではありません。しかし、値上げの申入れ後、「こんな変更には納得がいかない」「そんな値上げなんて知らない」という借主が現れる可能性も十分考えられます。そのような場合に備えて、第三者に証明してもらえる文書を証拠として残しておく方が安全です。もちろん、内容証明郵便には、地価や固定資産税の値上がりといった家賃の値上げを正当とする理由を具体的に記載し、借主に納得してもらえるような内容にする必要があります。

　なお、値上げの申入れを行うことができるのは、将来の家賃に対してのみです（借地借家法32条1項）。内容証明郵便を送付する前の月の家賃を変更することはできません。

　貸主より値上げの申入れがあり、もし借主が金額に納得できない場合は、借主が「供託」という手続きをとる可能性があります。

　供託とは、供託所という国家機関に財産を預けることです。借主が相当と認める額の賃料を貸主の「受領拒否」を供託原因とする弁済供託をすることにより、借主の賃料債務が消滅することになります。

　ただし、訴訟の結果、賃料の値上げが相当と判断された場合は、供

■ **供託の手続きの流れ**

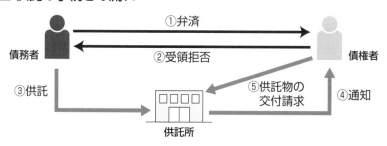

託された額との差額（不足額）を借主に請求できるため（借地借家法32条2項）、借主の供託により、貸主が家賃の値上げを行えなくなるわけではありません。

　借主が供託した場合、貸主に対して、法務局から供託通知が送付されてきます。貸主は、法務局で借主が供託した供託金の払渡しを請求することができます。供託金を受領しても借主の主張を認めてしまうことにはなりません。ただ、供託金の受領後は、借主に対して、「供託金につきましては家賃の一部として取り扱うものとします」（下書式）といった文書を内容証明郵便などで送付し、争う姿勢を明らかにしておきましょう。

書式　供託された家賃を受け取るときの通知書

通知書

　当社は貴社に下記の建物を家賃1か月金35万円で賃貸してまいりましたが、平成○○年○月○日付けで、右家賃を1か月金40万円に値上げする通知をいたしました。
　ところが貴社は、当社の請求に応じず、平成○○年○月○日××法務局へ、平成○○年○月分の家賃として金35万円を供託されました。そこで当社としましては、右供託金を、平成○年○月分の新家賃の一部として受領いたしますので、ご承知おきください。今後もし貴社が供託された場合には、当社は貴社の供託金を新家賃の一部に充当いたしますので、あらかじめお断り申し上げます。

　　　　　　　　　　　　　記

賃貸物件の表示〈省略〉

平成○○年○月○日
　　　東京都○○区○○×丁目×番×号
　　　　　　　　　　株式会社△△△△
　　　　　　　　　　代表取締役　△△△△　印

東京都○○区○○×丁目×番×号
　株式会社□□□□
　　代表取締役　□□□□　殿

家賃の不払いと契約の解除について知っておこう

解除する場合には事前の催告が必要である

● 家賃不払いは解除の理由となる

　賃貸借契約は、貸主と借主との間の信頼関係を前提として行われる契約です。そのため、賃貸借契約の解除（契約を解消すること）は、相互の信頼関係が破られた場合に認められます。特に建物の賃貸借（借家権）における借主の権利は、借地借家法によって手厚く保護されているので、貸主側としては、簡単に賃貸借契約の解除を請求することはできません。たとえば、借主が貸主に無断で部屋を他人に賃貸し（無断転貸）、又は部屋を勝手にリフォームしても、直ちに契約を解除できないことがあります（信頼関係破壊の法理）。

　一方、「借主が数か月家賃を支払わない」というのは、賃貸借契約の解除が認められやすい理由とされています。賃料の支払いは賃貸借契約を継続する上での借主の根本的義務であり、この義務の不履行の事実が重視されるからです。また、家賃滞納は貸主の賃貸経営に大きな打撃を与えるため、早急に対処する必要があることも、契約解除が認められる理由のひとつです。

● 家賃不払いを理由に契約を解除するときの手続き

　借主が賃料の支払いを滞納している際に契約解除をする場合、まず滞納している借主に催告（賃料の支払を催促すること）する必要があります。催告をするときは、第三者にも証明できるように内容証明郵便を作成して借主に送付します。一般的に契約を解除するには、催告の時点で「お金をいつまでに支払ってください」という支払の猶予期間を通告します。そのため、賃貸借契約の場合も、滞納中の賃料をい

つまでに支払う必要があるのかを明記します。支払猶予期間については10日間前後を目処に設定するのが一般的です。

　ただ、特に住居用物件で家賃が不払いになっている場合は、借主の経済状態がかなり逼迫している可能性もあります。そのため、猶予期間を定める際には、請求する家賃の額や、借主の経済状態もできるだけ考慮した上で判断する必要があります。そして、このような催告を行っても借主が家賃の支払いに応じない場合は、改めて賃貸借契約の解除を内容証明郵便で通知することになります。

　なお、催告しても滞納された家賃が支払われないことを考え、催告する際の内容証明郵便には、家賃支払いを要求するだけでなく、「猶予期間中に家賃を支払わなければ、改めて通知することなく契約を解除する」との文言も記すこともできます。これにより、改めて通知しなくても猶予期間の経過によって契約が解除されます。

　賃貸借契約が適法に解除された場合、借主は物件を明け渡して退去しなければなりませんが、中には滞納している賃料も一向に支払わないまま、物件の明渡しも行わないという悪質な借主も存在します。

　このような場合、最終的に貸主側としては訴訟を起こして、滞納されている賃料分の金銭の回収と、物件の明渡しを求めることになります。借主が物件を明け渡して出て行くということは、同時に新たな借主が現れるまでその物件には空きができてしまうことになりますので、契約を解除したら迅速に行動に移すのが重要です。

　一方、貸主としては、滞納中の家賃を回収したいだけで、契約の解除までは求めていない場合もあります。この場合は、できるだけ借主とは法廷で争うことはせず、和解する形で問題の解決を図りたいところです。裁判にかかる諸費用のことを考えると、賃料の滞納分を請求するためだけに訴訟を起こすことは、あまり得策とはいえないからです。賃貸借をめぐる裁判の多くは、契約解除後に、滞納中の家賃や使用損害金の請求と同時に、明渡しを目的とした訴訟を提起することが

多いようです。滞納賃料や使用損害金は回収できない場合もありますので、実質的には物件明渡しを目的としているということです。

● どのくらいの家賃滞納期間があれば解除できるのか

家賃の不払いは契約解除をする際に最も効果がある理由になりますが、これは決して「家賃不払いがあった場合には、即刻賃貸借契約を解除することができる」という意味ではありません。

一般的には、ある程度借主の家賃不払いが継続されている状態になって、はじめて家賃滞納による賃貸借契約の解除が認められるとされています（信頼関係破壊の法理）。ここでの「継続して不払いとなっている期間」とは、契約の種類にもよりますが、毎月家賃を支払う契約であれば、少なくとも3か月以上は必要とされています。半年や1年といった長期で一括して家賃を支払う形の契約であれば、契約解除のために要する滞納期間も長くなります。

また、家賃などの賃料には消滅時効（時間の経過によって権利が失われる制度）が存在します。賃料は支払期日から5年を経過すると消滅時効によって請求できなくなります（民法169条）。これは従来の短期消滅時効のひとつですが、2017年の民法改正で短期消滅時効がすべて廃止され、消滅時効の期間は「権利行使できるのを知った時から5年」または「権利行使できる時から10年」に統一されました（166条）。いずれにしても賃料の消滅時効は「5年」で変わらないといえます。

■ 家賃の滞納を理由とする解除の手続き

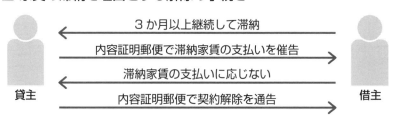

書式　家賃滞納による契約解除の通知書（内容証明郵便）

通知書

私は貴殿に対し、後記の通りの条件で、当方所有の後記の建物を賃貸しておりますが、貴殿は、平成○○年○月分から平成○○年○月分までの賃料3か月分、合計金○○万円の支払いを怠っております。つきましては、本書面到達後7日間以内に滞納額全額をお支払いくださいますよう、ご請求申し上げます。

もし、右期間内にお支払いのない場合には、あらためて契約解除の通知をなすことなく、右期間の経過をもって、貴殿との間の本件建物賃貸借契約を解除いたします。

記

1　賃貸物件
　東京都○○区○○1丁目1番1号
　家屋番号5番
　木造瓦葺2階建居宅兼店舗
　床面積　1階　50平方メートル
　　　　　2階　40平方メートル
2　家賃　1か月金○○万円
3　家賃支払期日
　翌月分を毎月末日限り支払う

（以下、日付、差出人・受取人の住所・氏名省略）

21 賃料を滞納している賃借人への督促の仕方

あきらめず、強い意志で適法に対応する

● 賃料を滞納している場合にどのように催促すべきか

賃料の滞納は重大な契約違反ですから、速やかな対応が肝心です。対応の仕方には、大きく分けて3段階あります。

① 滞納直後

簡単なメモや電話で注意を促します。単に忘れているだけなら、すぐに支払うはずです。「支払いを待ってほしい」と申し出があれば、できる限り一部でも受け取り、残金の支払日を約束し、その日までに支払ってもらうのがよいでしょう。

② 滞納後1か月経過しても支払がない場合

請求の証拠を残すために、少なくとも賃貸物件や滞納金額を具体的に明記し、支払期限を設けて文書で請求します。滞納が長期化しないよう、釘を刺しておくためです。手紙や電子メールは、コピーを取り保存します。電子メールも証拠になります。

③ 滞納後3か月経過しても支払がない場合

いずれ裁判になることを考え、文書を内容証明郵便で出します。支払期限までに支払われない場合、契約を直ちに解除する文面も加えます。また、相手に「受け取っていない」と言わせないよう、配達証明もつけて出します。すでに滞納がかなり進行しているので、賃料回収と同時並行で契約解除を進めます。

● 悪質な滞納者に対しての対処法

何度書面を送っても、一向に支払に応じない借主もいます。このような場合、借主に法的手段に出ることを伝え、裁判所で支払督促を出

してもらうのがよいでしょう。

　また、賃料滞納が数か月続くのであれば、明渡しを求めて裁判を起こすことも検討します。家賃の支払を滞納し続ける借主ですから、訴状の受取りも拒否する可能性はありますが、「執行官送達」（執行官が直接相手に訴状を渡す）を利用することで、訴状を届けてもらうことができます（民事訴訟法98条、99条）。ただし、法的手続きをとる場合には、できる限り弁護士に相談してから行うようにしましょう。賃料の滞納は重大な契約違反です。しかし、いわゆる「夜討ち朝駆け」をしたり、鍵を交換したり、職場に連絡するなどして、賃借人の生活の平穏を妨げてはいけません。このような行動をとると、賃借人から損害賠償を請求されるおそれがあります。

　決してあきらめず、時間をかけ、あくまで適法に対処しましょう。

● 家賃を滞納した借主に請求する遅延損害金の設定方法

　遅延損害金とは、金銭の支払いが遅れたときに課せられるペナルティ料で、「延滞金」ともいいます。遅延損害金の金額は、契約書に

■ 賃料の滞納に対する措置

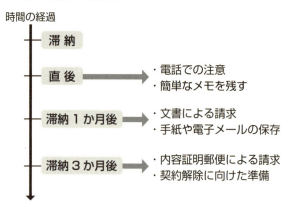

特約条項がなければ、年5％の割合で計算されます。

契約書に、「借主が家賃を滞納したときは、滞納した家賃の年○％相当額の遅延損害金を支払う義務を負う」という特約条項があれば、その特約に従うことになります。ただ、あまり高い利率（または金額）の遅延損害金を定めた特約は、特約自体が無効になります。具体的には、消費者契約法が適用されるケースの場合、年利14.6％を超える遅延損害金は無効です。したがって、契約書で借主に対する遅延損害金を定めるときには、年利14.6％以下で定めなければなりません。

実務上、契約書に遅延損害金について条項を設けるのは、家賃の滞納を防止しようとする予防線のためのものであり、遅延損害金をとること自体を目的としないこともあります。

貸主としては事前に借主に対して「家賃の支払が遅れそうな場合には、あらかじめ連絡を入れてほしい」といったことを明確に伝えておくのがよいでしょう。

■ 貸主側から契約を解除するには

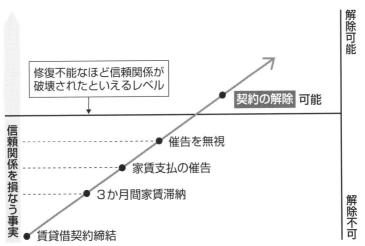

Q 賃料の滞納を何度となく繰り返す借主をすぐにでも追い出したいのですが、即日退去してもらうことは可能でしょうか。

A 家賃の著しい滞納や不払いは借主側の「契約不履行」に該当します。しかしこれを理由に即座に契約を解除できるのかというと、そうではありません。

賃貸借契約というものは信頼関係から成り立っており、その信頼関係が破壊されるほどの義務違反が生じなければ契約を解除することはできないというのが一般的な解釈です（信頼関係破壊の法理）。数回の催促にも関わらず借主が常識的に応じない状態を信頼関係が破壊される程度の義務違反と解釈することはもちろん可能ですが、契約を解除するためにもう1つ大切なのが「催告」です。催告が行われて初めて契約を解除することができます。契約時に無催告で解除できる「無催告解除条項」をつけることはよくありますが、裁判所の判断では、そのような特約は、催告しなくても不合理とはいえない事情がある場合に限り、無催告での解除が有効と認められているようです。したがって賃料の滞納があった場合には、即日退去を求めるのではなく、まずは、催告をすることになります。

催告は、一般には文書で行います。文書はハガキでもかまいませんが、催告をしたことの証拠が残るように内容証明郵便を利用するとよいでしょう。内容証明郵便の文面には、「本状を受け取ってから〇〇日以内に滞納している賃料を支払わなければ契約を解除する」と明記しなければなりません。郵便を受け取っていないと言われないように、忘れずに配達証明をつけて送付するようにします。

紛争を早く解決したいような場合には、少額の立退料を支払う方法もしばしばとられます。

賃料の滞納と明渡し請求について知っておこう

借主がスムーズに退去するとは限らない

● 明渡しを請求するには準備が必要

　賃貸人は、賃借人が賃料を滞納しているからといって、当然に出て行けとは言えません。契約がある以上、賃貸人は建物を使用させる義務があるからです。ただし、賃借人が賃料を滞納している場合、賃貸人は相当の期間を定めて履行を催告し、なおその期間内に履行がないときは契約を解除することができます（民法541条）。契約が解除されると、賃貸人は契約終了を原因とする建物明渡し請求をすることができます。もっとも、賃料を支払わないほどの賃借人であれば、よほど債務超過になっているか、あるいは生活態度に問題がある人でしょうから、すんなり退去してもらえるとは限りません。賃借人に対して建物明渡しの強制執行をするためには、判決や調停調書などの債務名義（強制執行の根拠となる債権の存在・内容を証明する文書）が必要になります。そこで、裁判所に建物明渡し請求の訴えを提起します。滞納賃料の請求も併せてできます。

● 和解では譲歩が求められる

　訴えの提起は、建物所在地を管轄する地方裁判所に訴状を提出して行います。訴状が受理されると30日以内に第1回口頭弁論期日が指定され、賃貸人が原告、賃借人は被告として呼び出されます。第1回口頭弁論期日において、原告は出廷したが被告は欠席した場合、裁判所は原告の請求通りの判決を下します。一方、被告が出廷して原告の請求を争った場合、裁判所は第2回以降の期日を指定し、双方は言い分や証拠提出を尽くします。たとえば被告は、「催告を受けていない」

「建物を修繕してもらえない」などと主張することもあります。裁判所は双方に和解も試みます。和解とは当事者が互いに譲歩して紛争を解決することですから、賃貸人も賃料の減額に応じるなど、妥協点を探す必要があります。

　また、明渡しをめぐるトラブルでは、部屋を出て行った際に賃借人が残していった家財の所有権放棄について判断されるので、賃貸人は賃借人の残置物を処分することも可能になります。

　裁判所で和解すると和解調書が作成され、判決と同じく強制執行に必要な債務名義となります。ですから、和解条項の内容が守られない場合には、裁判所に申し立てて明渡しを行う強制執行手続きをとることが可能になります。判決までは1年程度かかることも少なくありませんし、長引く間に賃借人が一切を置き去って行方不明になれば、建物の後片付けも一苦労です。そう考えると和解も得策です。

● 賃借人に対する明渡しは簡単ではない

　賃借人に対して明渡しを強制執行するためには、建物所在地を管轄する執行裁判所に強制執行の申立てをしなければなりません。その際には裁判所書記官の定める費用を支払わなければなりません。

　申し立てると、執行官が建物の占有状況を調査した上で、賃借人に対して明渡しの催告をし、催告に応じなければ、強制執行の期日（断行日）を決めて、強制的に賃借人を退去させることになります。このとき、賃借人の家財は賃借人やその家族に引き渡されますが、誰もおらず、引渡しができないときは執行官が売却します。賃借人の家財の引渡しや売却ができない間、執行官は賃貸人に家財の保管をさせることができますが、これは保管する賃貸人にとっても大きな負担となります。また、建物が生活の基盤であることを考えると、明渡しを求められた賃借人も本格的に争う構えを見せることもあります。早めに弁護士に相談し、対策を練るのがよいでしょう。

正当事由と立退料について知っておこう

貸主の事情、借主の事情、借家契約で定めた事情を考慮する

● 更新拒絶には正当事由が必要

　建物の賃貸借契約の期間の終了時に、借主は家屋を立ち退くか、貸主と協議して契約の更新を行います。一方、貸主は自由に更新を拒絶できず、更新を拒絶しても妥当といえるほどの正当な事由（正当事由）がない限りは更新を拒絶できません（借地借家法28条）。

　正当事由の内容として、具体的には、①貸主の事情（現在の住居の状態や家族数、職業、経済状態など貸している建物が必要な理由）、②借主の事情（職業、家族数、経済状態、転居が可能かどうかといった事情）、③借家契約で定めた事情が挙げられます。

● 立退料の支払いによる調整

　立退きに関する訴訟では、正当事由の妥当性が問われます。正当事由が認められれば貸主は勝訴しますが、微妙なケースも多数出てきます。そのため、借主にも相応の事情がある場合には、貸主は借主に立退料を払って事態を解決するという方法が広くとられるようになっています。そして、立退料は正当事由を考慮する際の１つの事情として考慮されます。貸主が高額の立退料を借主に提供すれば、裁判所は「正当事由がある」と判断する可能性が高くなりますし、立退料を提供しなければ「正当事由はない」と判断する可能性が高くなります。

　高額な立退料を提供したからといって必ず正当事由があると裁判所が判断するわけではありませんが、可能性を高めるという意味で、借主に是非とも退去してほしいと考えている貸主は、多額の立退料を準備すべきだといえます。

なお、紛争が裁判所に持ち込まれてしまうと膨大な時間と費用、そして労力が費やされてしまいますから、訴訟を行う前に立退料を提供して紛争を解決するのは有効な手段ということができるでしょう。

● なぜ立退料を支払うのか

立退料とは、貸主の都合で借主に立退きを請求しなければならないような場合に、貸主から借主に支払われる金銭です。具体的には移転実費、開発利益の配分額、慰謝料、営業補償、借家権の価格などを考慮して支払われるものが立退料ということになります。立退料については借地借家法に規定があり、貸主が更新を拒否する際に、正当事由が認められるための一つの要素として、立退料（財産上の給付）の支払いの申し出を考慮するということを定めています（借地借家法28条）。

貸主が借主に立退きを要求する理由としては、①貸主が借家を使用する必要がある場合、②借主が家賃を納めないなど、賃貸借契約に明記されている義務を履行しない場合、が考えられます。②のケースの場合、貸主が立退料を支払う必要はありません。ただ、①のケースで立退きを速やかに行いたい場合、借主とのトラブルを避けたければ、一定額の立退料を支払うことによって問題をスムーズに解決することが可能であり、一般的に広く行われています。

借主は、立退料を受け取ることで、賃貸している物件から退去することが容易になります。賃貸借契約を終了させて、現在借りている物件から移転することは、借主にとってコストがかかる作業です。しかし、立退料を受け取ることができれば、移転にかかるコストを立退料により補てんすることができます。

● 立退料の相場はどうなっているのか

居住用の建物の場合には、借主が次の住居に移転するために必要な費用の額が立退料の相場の額になります。

具体的には、借主が新しい部屋を借りるための敷金・礼金、引越し費用、不動産業者を利用した場合には仲介手数料などを合わせたものが立退料の額になります。

　ただし、この立退料の額はその他の事情によって変動します。たとえば、貸主が建物を利用する必要がある、建物が老朽化していて大規模な修繕をする必要がある、といった事情がある場合には、立退料の額が低くなる可能性があります。

● 算定の際に考慮する事情とは

　貸主が立退きを借主に申し入れ、提示した立退料の金額に借主が納得しない、あるいはその金額では引越しや移転が経済的に困難であり、紛争が裁判所にまで持ち込まれるような場合には、裁判所が立退料の額を定めることになります。

　具体的には、立退料は当事者双方の事情を十分に考慮しながら算定が行われます。この場合、貸主が立退きを申し立てている事情、借主が移転に納得しない事情、あるいは賃貸借契約の年数、賃貸家屋の規模と構造、家賃の額、そして敷金と礼金の有無といった事情が立退料を決定する基準となります。

■ 立退料の性質

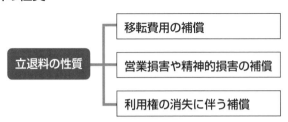

● 貸主側の事情にはどんなものがあるのか

　立退きを申し出なければならない貸主側の事情としては、①貸主自身または貸主の家族や近親者が賃貸家屋を住居として使用する必要がある場合、②貸主自身またはその家族・近親者が賃貸家屋を営業の目的で使用する必要がある場合、③賃貸家屋の劣化や老朽化のために大幅な修築あるいは新築が必要な場合、④相続で貸主が代わり、土地を売却する必要がある場合、などが考えられます。

　①の例としては、家主またはその家族が住居として使用していた家屋が焼失した場合、地震や台風といった災害で崩壊した場合、家主の住んでいる建物の老朽化がひどく居住し続けることが不可能になった場合が挙げられます。もっとも、貸主が他に居住する場所があり、貸主がその建物を使用しなければならないという切迫した事情がない場合でも、借主がすでに長期間その建物を使用していないといった事情があるときには、正当事由が認められる場合もあります。

　②は正当事由の観点から見ると、①よりも説得力に欠けるといえます。貸主が現在貸している賃貸家屋をどうしても店舗などとして使用しなければ、貸主やその家族などが生活を維持していけないことを証明することによって、正当事由が認められるかもしれません。

　③のケースもよく見受けられますが、家屋が老朽化しているといってもそれが崩壊寸前なのか、修理を行えばまだ居住可能なのかによって正当事由としての重みが違ってきます。

　④のように相続の問題で立退きの必要性が発生してくることもよくあります。相続した家屋を売却しなければ相続税を払えないなど、経済状態が非常に逼迫した状態であることを貸主が証明できれば、これが正当事由と認められることもあります。

● 借主側の事情にはどんなものがあるのか

　借主側の事情としては、①借主がその賃貸家屋を住居として使用し

なければならない理由のある場合、②借主が賃貸家屋を営業の目的で使用しなければならない理由のある場合、③借主が賃貸家屋を長い期間に渡って使用してきている場合、が主に考えられます。

借主の事情を考慮する際には、借主が他の賃貸家屋に転居できる、または他の家屋を購入する経済力があるかどうかが1つの重要なポイントになります。また、借主の家族構成やその賃貸家屋に居住している（あるいはそこで営業している）年数が重要視されます。

また、立退きによって経済的な損失をそれほど被らなくても、借主が賃貸家屋を長年に渡って使用・収益してきた場合には、借主の立場はかなり有利になります。居住地域で長年築いてきた人間関係、商売を営んできた場合には顧客との間で作り上げた信頼関係は一種の財産であり、賃貸家屋が借主の生活の本拠地として確立しているからです。

このように、立退料の算出にあたっては、長年住んできた地域を去ることから発生する損失というものが十分に考慮されます。

■ 立退料の支払が必要となる場合

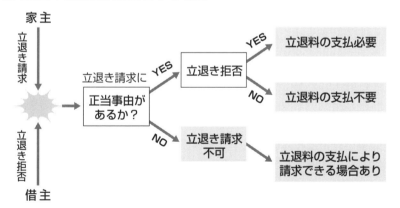

契約解除の手続きについて知っておこう

解約を申し入れた日から6か月の経過により契約関係は終了する

● 賃貸人からの解除・解約の申入れ

　賃貸人が、正当事由をもって建物賃貸借の解約を申し入れた場合には、建物賃貸借が解約を申し入れた日から6か月の経過により終了します（借地借家法27条1項）。これより短い期間を定める特約は無効です（借地借家法30条）。これは「期間の定めのない建物賃貸借」（1年未満の期間を定める建物賃貸借を含む）において行う手続きといえるでしょう。なぜなら、「期間の定めがある建物賃貸借」であれば、合意解約をしない限り契約期間中の一方的な解約申入れはできないからです。なお、解約申入れの手続きは更新拒絶の通知と似ていますが、異なるものです。

　一方、賃借人に賃料債務の不履行がある場合、賃貸人が相当期間を定めて履行を催告し、その期間内に履行がないとき、賃貸人は賃貸借契約を解除することができます（民法541条）。契約解除について訴訟になっている場合は、催告の事実と相当の期間の定めの有無が争われますから、内容証明郵便を利用する必要があります。

　なお、賃貸借契約は継続的な契約であるため、賃料支払いの遅滞が軽微であるときは、相互の信頼関係を破壊するような不誠意はなく、解除権の行使は信義則に反するとされています。2017年の民法改正では「債務の不履行がその契約及び取引上の社会通念に照らして軽微であるとき」は契約解除ができない旨が明記されました（541条）。

● 解約後も居座る借主に立退きを請求する

　前述したように、賃貸人が正当事由の下で解約申入れをした場合、

6か月を経過すると賃貸借は終了するのが原則です。しかし、その後も借主が使用を続けている場合は、これに対して賃貸人が正当事由の下で遅滞なく異議を述べないと、契約を更新したとみなされてしまいます（借地借家法27条２項）。そのため、６か月の経過後、賃借人が依然として使用を継続している場合には明渡しを請求する書面（書式参照）を送付する必要があります。

書面には、解約申入れから６か月の経過、相手方の使用継続の事実を記載し、異議を申し述べることになります。正当事由は解約申入れの時点で述べていれば、必ずしも記載する必要はありませんが、異議の時点でも正当事由が継続して存在することが必要なので、特に賃借人からの反論に対して再度反論を要するときは、記載することになります。なお、文中に物件の表示を記載する場合には、登記事項証明書などで確認し、正確に記載することが大切です。

書式　解約後も居座る借主に立退きを請求する文書

使用継続への異議通知及び明渡要求書

　私と貴殿との間で締結した後記建物賃貸借契約は、平成○○年１月15日に、私の解約申入れの通知書が貴殿に到達し、同日から６か月の経過をもって終了しました。しかし貴殿は、前記契約終了後も当該建物の使用を継続しておりますので、借地借家法27条２項、26条２項の定めに従い、異議を申し伝えます。また、ただちに同物件を明け渡すようにお願い致します。

　（建物の表示）
　　〈建物の表示については省略〉

　平成○○年７月16日

　　　　　　　　　　　　　　　　東京都○○区○○２丁目３番４号
　　　　　　　　　　　　　　　　　　通知人　　甲野一郎　㊞

東京都○○区○○１丁目２番３号
　　被通知人　　乙川二郎　殿

● 無催告解除特約を結ぶこともできる

　賃貸借契約に限らず、契約を解除する際には、相当期間（解除までの猶予期間）を置かなければなりません（民法541条）。しかし、契約時に「賃料の不払いがあった場合は、支払猶予期間を定めた催告をせずに、直ちに契約の解除を行う」という旨の特約をつけることは可能です。これを無催告解除の特約といいます。

　ただ、賃貸借契約の解除に際しては、借主と貸主との間の信頼関係が壊れたかどうかが最も重要視されます（信頼関係破壊の法理）。そのため、無催告解除の特約があっても、必ずしも催告なしに解除ができるとは限りません。当事者間で特約を結んでも、公平性を失し、借主に不利とされる条項は無効と判断されますので、無催告解除の特約は無効と判断されるケースが多いのではないかと思われます。

　たとえば、賃料を滞納していた間は、病気で働くことができず、収入がなかったという理由がある場合には、賃料の支払いができない理由にも合理性があり、貸主と借主の間での信頼関係が壊れてしまったとまではいえないため、無催告解除は認められにくいといえます。

● 賃借人からの解約申入れ

　賃貸人が建物賃貸借の解約を申し入れた場合、申し入れた日から6か月の経過により終了します。一方、賃借人が解約を申し入れる場合は、1か月前に予告して解約を申し入れる特約も有効です。地借家法は建物賃借人の保護を目的としており、「契約期間の途中でも退去したい」という建物賃借人の利益のための特約は認めてもかまわないからです。このような特約がないときは、賃借人の解約申入れから3か月の経過により終了します（民法617条）。

　以上は期間の定めのない建物賃貸借において行う手続きです。期間の定めのある建物賃貸借の場合は、合意解約が成立するか、中途での解約条項があるときを除き、原則として契約期間満了までの間、賃借

人は賃料支払義務を負うことになります。

● 入居後すぐに解約された場合の敷金の取扱い

　賃借人から契約を解約された場合、敷金の精算を行うことになります。敷金は契約が終了して明渡しが完了した後に返還するものですから、解約後も同様に敷金を返還することになります。返還する金額については、解約条項に従い、敷金の全額（敷金から何か差し引く契約であれば、その差引残額）と前家賃分から予告期間に不足する分の家賃を差し引いた分を借主に返還することになります。

　たとえば「借主は１か月の予告期間を置いて契約を解約することができる。なお、予告期間が１か月に満たないときは、借主は１か月に不足する日数に相当する賃料を貸主に支払うことにより、本契約を終了させることができる。ただし、貸主は１か月に不足する日数に相当する賃料を、敷金から差し引くことができる」といった解約条項を定めていた場合のように、一定の額を差し引くことを規定していた場合には、敷金の全額を返還する必要はありません。

■ 解約条項がある場合

「賃借人は１か月の予告期間を置いて契約を解約することができる。なお、予告期間が１か月に満たないときは、賃借人は１か月に不足する日数に相当する賃料を貸主に支払うことにより、本契約を終了させることができる」という取り決めがある場合には、貸主は解約の際に予告期間内の賃料を受け取ることができる。

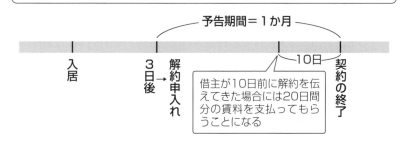

● 契約期間の定めがない場合の賃借人からの解約申入れ

契約期間の定めがない場合、賃借人の解約申入れから3か月すると建物賃貸借は終了するため、3か月分の賃料は請求できます。他方、賃借人の解約申入れに予告期間の特約がある場合は、賃借人が早々に出て行こうとも、予告期間の賃料は請求できます。

● 定期建物賃貸借と賃借人からの中途解約

定期建物賃貸借（定期借家契約）は、契約期間が定められている更新がない賃貸借契約であるため、原則として契約期間の途中で賃貸借契約を解約することはできません。

ただし、賃貸借契約を締結している建物の床面積が200㎡未満の居住用建物については、転勤・親族の介護・海外への転勤といった事情で借主が建物を生活の本拠として利用ができなくなった場合に、借主の側から賃貸借契約を中途解約することが認められています（借地借家法38条）。店舗兼居住用の建物として使用している場合にも、居住用建物として使用していることには変わりがないので、借主側から定期建物賃貸借の中途解約は可能です。定期建物賃貸借を中途解約する場合、借主が貸主に対して解約の申入れをしてから1か月を経過した時点で、定期建物賃貸借が終了します。

■ 定期建物賃貸借における中途解約の可否

原則	例外
↓	・居住用の建物 ・床面積が200㎡未満 ・やむを得ない事情で建物を生活の本拠として使用することが困難になる
定期建物賃貸借を中途解除できない	↓
	借主からの中途解約が可能

原状回復について知っておこう

原状回復費の負担をめぐって議論が多い

● 原状回復とは

　原状回復とは、賃借人が賃借物を原状に回復し、附属させた物を取り去ることをいいます（民法616・598条）。建物の使用は賃借人の権利ですが、賃借人は、賃借物をその性質によって定まった用法に従って使用しなければなりませんし、契約終了後は、元の状態に戻して返還しなければなりません。つまり、原状回復は賃借人の義務ということになります（民法400・616・594条1項）。

　厳密な意味での原状回復義務とは、「賃借人は退居する際に、家具などの荷物や自ら取り付けたエアコンなどを取り除き、次の借主が入居できるようにしておかなければならない」というものです。

　ここで注意したいのは、何も借主は建物を自分が入居する前と全く同じ状態にまで戻して出て行く必要がある、と決められているわけではないということです。借主に対して「あなたが住む前と同じ状態に戻さなければならないから、敷金は返すことができない」などと過度な原状回復を要求すると、トラブルになりかねません。

　ただ、「家具などの荷物や自ら取り付けたエアコンを取り除く」というのは、狭い意味での原状回復義務です。借主には、借りた部屋を丁寧に使用しなければならず、常識の範囲内で建物の利用について注意を払う義務（善管注意義務）があります。一般的に貸主が想定している原状回復義務は、このような善管注意義務の意味合いも含めていると考えてよいでしょう。つまり、借主が通常気をつけるべき注意を怠って部屋を破損・汚損した場合は、それを復旧させることも原状回復義務の内容に含まれるということです。2017年の民法改正でも、賃

第2章　賃貸借契約をめぐる法律知識

借人の帰責事由（落ち度）による損傷が、原状回復義務の内容に含まれることを明記しています（621条）。

　もっとも、実際には借主の退去後に貸主が復旧させますから、復旧に要した費用を敷金から差し引くことになります。ただ、借主はそこまで想定しておらず、借主と貸主の間で原状回復義務の範囲について認識にずれが起こることがあります。原状回復については、契約時に借主にどこまでを借主の負担とさせるのかを説明するのが大切です。

● 原状と通常損耗

　原状とは「元の通り」という程度の意味ですが、賃貸人が賃借人に賃借物を引き渡した当時と全く同じ状態にすることまでは意味しません。言い換えると、賃貸借期間満了時を基準として「元の通り」と言えれば足ります。そのため、賃貸借期間に応じて通常の使用収益により発生し得る自然損傷や、経年劣化といえる損傷や消耗（通常損耗）があるとしても、原状に戻っているといって差し支えありません。

　なぜなら、建物賃貸借の性質からすると、自然損傷や通常損耗により発生する修繕費は、通常であれば賃料に含まれているだろうと考えられるからです。2017年の民法改正では、「通常の使用及び収益によって生じた賃借物の損耗並びに賃借物の経年変化」が原状回復の対象外である旨が明文化されました（621条）。ただ、民法改正後も何が自然損傷や通常損耗であるかは、個別具体的に判断する他ありません。

● 国土交通省のガイドラインで基準が定められている

　原状回復の範囲をめぐっては、当事者間でトラブルがよく起きるため、建物の劣化の種類と修繕義務について、国土交通省が「原状回復をめぐるトラブルとガイドライン（再改訂版）」を定めています。

① 経年変化

　経年変化とは、年数を経ることで発生する汚れや傷のことです。畳

や壁紙の日焼けなどがあてはまります。人が住んでいるかどうかに関わらず発生する建物の変化（劣化）が、経年変化の対象です。経年変化については貸主が修繕義務を負います。

② **通常損耗**

通常損耗とは、通常に建物を使用する範囲内で発生する建物の損傷や劣化を指します。たとえば、畳のすれや壁紙の汚れが通常損耗と認められており、これらも貸主負担と規定されています。ただし、上記の通り、経年変化や通常損耗レベルの修繕費用は、通常は家賃に含まれているものです。

③ **借主の故意や過失による損耗**

借主が日常生活の範囲を超えた使い方により、または故意・過失により、物件に傷や汚れをつけた場合、その修繕費用は借主負担となります。たとえば、子どもの落書きやペットの作った傷や汚れが当てはまります。2017年の民法改正で、賃借人の帰責事由による損傷は、借主が原状回復義務を負うことが明記されました（621条）。

壁紙のはがれやタバコの染みはどうするのか

建物は年を重ねるにつれて当然古くなっていきます。畳や壁紙の日焼けや変色のように、入居者がいるかどうかに関わらず発生する汚れ

■ 家屋の損耗の区別

	内　容
経年変化(劣化)	畳や壁紙の日焼けなど、年数を経ることで発生する汚れや傷のこと。これらは家主が修繕義務を負担する。
通常損耗	通常に建物を使用する範囲内で発生する建物の損傷や劣化のこと、これらも家主が修繕義務を負担する。
借主の故意や過失による損耗	通常の使用方法を超えた使い方をした場合や故意や過失などによって傷や汚れをつけた場合は、その修繕費用は借主の負担となる。

や傷を経年変化といいます。そして、この経年変化と、普通に生活を営む上で発生した劣化である通常損耗を合わせたものが自然損耗と呼ばれています。自然損耗については、貸主が修繕を行う義務があります。そのため、借主が故意や過失によって傷や汚れを作ってしまった場合でも、それが自然損耗のレベルに収まるものであれば、貸主に修繕費を支払う必要はないと考えられています。

　一般的に自然損耗と認められるのは、畳や壁紙の変色の他にも、タバコのヤニによる黄ばみ、壁のポスター跡や、画鋲跡のような軽度の穴です。逆に自然損耗ではなく、借主に修繕義務があると考えられているものは、前述したように子どもの落書きやペットの作った傷、タバコの火による床の損傷や、引越しの際に作った傷のような、通常では発生しない程度の劣化についてです。

　ただ、借主が故意や過失によって自然損耗の範囲を超えた汚れや傷をつけたとしても、それが自然損耗の影響も受けていることも多いですから、借主が修繕費の全額を負担しなければならないわけではありません。たとえば、5年間入居した部屋の壁紙を全部張り替える必要があったとしても、借主が負担するのは、自然損耗以外の部分にかかる修繕費のみであり、5年の間に作られた経年変化や通常損耗の修繕に必要な金額は、貸主が負担することになります。

● 原状回復特約が適用になる場合とは

　考えられる損耗をすべて特約として契約条項に列挙し、賃借人の原状回復義務に含めるという方法も考えられます。原状回復義務の範囲を明確にする方法として一理あります。しかし、原状回復義務に通常損耗が含まれるほど、その有効性をめぐってトラブルが起きます。下級裁判例も分かれていました。

　最高裁は、賃借人に通常損耗の原状回復義務を負わせるためには、賃借人が負担する通常損耗の範囲について、①契約条項自体に具体的

に明記されているか、または、②賃貸人が口頭により説明し、賃借人がそれを明確に認識した上で合意したことが必要であると判断しています（最判平成17年12月16日）。ただし、最高裁のケースでは、賃借人が負担区分表に基づき通常損耗を補修する特約が、①または②の要件を充たさないとされました。そのため、通常損耗を含んだ原状回復特約に対する厳格な態度を最高裁は示したと解されています。

また、①または②の要件を充たす特約であるとしても、賃借人の負担が過度に酷である場合は、民法90条の公序良俗違反または消費者契約法10条違反になる可能性は否定できません。

● 賃貸住宅トラブル防止ガイドラインが参考になる

借家の多くの破損等の修繕費については、貸主である家主が負担するのが原則です（民法606条）。ただ、契約時の特約で「入居中の大小修繕は借主が自らの費用で行う」などと規定している場合もあり、費用負担をめぐって争いになることも少なくありません。

そのため、東京都では「東京における住宅の賃貸借にかかる紛争の防止に関する条例」と「賃貸住宅トラブル防止ガイドライン」で対応を定めています。通称「東京ルール」と呼ばれるこの条例は、入居中の費用負担の一般原則として、借主の故意・過失や通常の用法に反する使用など賃借人の責任による修繕は借主が負担し、それ以外の必要な修繕は家主が負担するものとしています（125ページ）。

家主側としては、通常の修繕の多くは家主の負担と認識し、一部借主の負担を特約などで取り決める場合は、契約時にきちんと説明して合意を得るなどの対策が必要であるといえるでしょう。

● 敷金との差引精算について

建物の原状回復費用を誰がどのように負担するかの問題は、敷金からそれを差し引くときに顕著に現れるといえます。敷金は建物の明渡

し時までに生じた賃料相当額その他賃借人が負う一切の債務を担保するとの判例が確立しています。さらに、2017年の民法改正でも「賃料債務その他の賃貸借に基づいて生ずる賃借人の賃貸人に対する金銭の給付を目的とする債務を担保する目的で、賃借人が賃貸人に交付する金銭」が敷金であると明記されました（622条の2）。そこで、原状回復費用も敷金から差し引くことは可能です。原状回復特約に基づいて金額を差し引いてもかまいません。

しかし、前述したように、賃借人に通常損耗を負担させる特約に対する裁判所の態度は厳格です。そのため、賃借人がそのような特約に不満を述べるときは、明渡し後の建物を見て、原状回復の負担の範囲を取り決めることも考えてよいでしょう。

● 契約時に原状回復条件を定めておく

退去時の原状回復による費用負担のトラブルを防ぐには、入居時の賃貸借契約締結の段階で、原状回復の費用負担を詳細に定め、原状回復工事にかかる費用の単価についても、借主に伝えた上で合意しておくのがよいでしょう。

平成23年8月に国土交通省が公表した「原状回復をめぐるトラブルとガイドライン（再改訂版）」には、契約書に添付する原状回復の条件を説明した文書のサンプル（契約書に添付する原状回復の条件に関する様式）を掲載しています。この様式を参考にして、原状回復条件や貸主・借主の負担割合、原状回復工事施行目安単価、特約を詳細に定め、借主に交付するとよいでしょう。

原状回復工事施行目安単価については、後で大きく変わるとトラブルになるので、あくまでも目安であることを伝え、わかる範囲で記載します。特約については、民法や消費者契約法の規定に反しないようにします。契約時に原状回復費用についての明確なルールを定めておくことで、退去時の原状回復および敷金からの差引額をめぐるトラブ

ルの予防につながります。

● 退去時の精算も明確に行う

　借主の退去時には、原状回復のどの費用を借主に負担してもらうのかが明確にわかるような書類（請求書）を借主に交付します。「原状回復をめぐるトラブルとガイドライン（再改訂版）」に書類のサンプル（原状回復の精算明細等に関する様式）が掲載されていますので、この様式を参考にして精算時の明細書を作成するとよいでしょう。あらかじめ、借主と契約時に合意した原状回復の条件に沿って、精算時の明細書を作成すれば、多くの原状回復をめぐるトラブルを回避することができます。

■ 東京ルールによる宅地建物取引業者の説明事項

1．費用負担の一般原則
・賃貸人負担
　入居中：住宅の使用及び収益に必要な修繕
　退去時：経年変化及び通常の使用による住宅の損耗等の復旧
・賃借人負担
　賃借人の故意・過失や通常の使用方法に反する使用など賃借人の責めに帰すべき事由により生じた住宅の損耗などの復旧

2．例外としての特約（賃借人負担）
　入居中：一般原則に関わらず、賃貸人と賃借人の合意により、小規模な修繕については、賃貸人の修繕義務を免除し、賃借人が自らの費用負担で行うことができる旨の特約を定めることが可能。
　退去時：一般原則とは異なる特約を定めることが可能。

3．当該契約における賃借人の負担内容（場合に応じて説明）
・特約がない場合→賃借人の負担は、一般原則に基づく費用のみ
・特約がある場合→一般原則に基づく費用の他、当該特約により賃借人が負担する具体的な内容

4．賃借人の入居期間中の設備等の修繕及び維持管理等に関する連絡先となる者
・共用部分、専用部分ごとの連絡先
　氏名（法人の場合は商号又は名称）、住所（法人の場合は主たる事務所の所在地）

資料　賃貸住宅トラブル防止ガイドラインによる貸主・借主の負担区分

部位	項目	説明	負担区分	理由
床	畳	畳の裏返し、表替え（特に破損等していないが、次の入居者確保のために行うもの）	貸主	入居者入れ替わりによる物件の維持管理上の問題であり、貸主の負担とすることが妥当と考えられる。
		畳の変色（日照・建物構造欠陥による雨漏りなどで発生したもの）	貸主	日照は通常の生活で避けられないものであり、また、構造上の欠陥は、貸主には責任はないと考えられる。（借主が通知義務を怠った場合を除く）
	フローリング	フローリングのワックスがけ	貸主	ワックスがけは通常の生活において必ず行うとまでは言い切れず、物件の維持管理の意味合いが強いことから、貸主負担とすることが妥当と考えられる。
		フローリングの色落ち（日照・建物構造欠陥による雨漏りなどで発生したもの）	貸主	日照は通常の生活で避けられないものであり、また、構造上の欠陥は、貸主には責任はないと考えられる。（借主が通知義務を怠った場合を除く）
		フローリングの色落ち（借主の不注意で雨が吹き込んだことなどによるもの）	借主	借主の善管注意義務違反に該当する場合が多いと考えられる。
		キャスター付きのイス等によるフローリングのキズ、へこみ	借主	キャスターの転がりによるキズ等の発生は通常予測されることで、借主としてはその使用にあたって十分な注意を払う必要があり、発生させた場合は借主の善管注意義務違反に該当する場合が多いと考えられる。
	カーペット、その他	家具の設置による床、カーペットのへこみ、設置跡	貸主	家具保有数が多いという我が国の実状に鑑み、その設置は必然的なものであり、設置したことだけによるへこみ、跡は通常の使用による損耗ととらえるのが妥当と考えられる。
		カーペットに飲み物等をこぼしたことによるシミ、カビ	借主	飲み物等をこぼすこと自体は通常の生活の範囲と考えられるが、その後の手入れ不足等で生じたシミ・カビの除去は、借主の負担により実施するのが妥当と考えられる。
		冷蔵庫下のサビ跡（畳・フローリングも同様）	借主	冷蔵庫に発生したサビが床に付着しても、拭き掃除で除去できる程度であれば、通常の生活の範囲と考えられるが、そのサビを放置し、床に汚損等の損害を与えることは、借主の善管注意義務違反に該当する場合が多いと考えられる。
		引越作業で生じたひっかきキズ（畳・フローリングも同様）	借主	借主の善管注意義務違反または過失に該当する場合が多いと考えられる。
壁・天井	壁・クロス	テレビ、冷蔵庫等の後部壁面の黒ずみ（いわゆる電気ヤケ）	貸主	テレビ、冷蔵庫は通常一般的な生活をしていくうえで必需品であり、その使用による電気ヤケは通常の使用ととらえるのが妥当と考えられる。

部位	項目	説　明	負担区分	理　由
壁・天井	壁・クロス	エアコン（借主所有）設置による壁のビス穴、跡	貸主	エアコンについても、テレビ等と同様一般的な生活をしていくうえで必需品になってきており、その設置によって生じたビス穴等は通常の損耗と考えられる。
		クロスの変色（日照などの自然現象によるもの）	貸主	畳等の変色と同様、日照は通常の生活で避けられないものであると考えられる。
		壁に貼ったポスターや絵画の跡	貸主	壁にポスター等を貼ることによって生じるクロス等の変色は、主に日照などの自然現象によるもので、通常の生活による損耗の範囲であると考えられる。
		壁等の画鋲、ピン等の穴（下地ボードの張替えは不要な程度のもの）	貸主	ポスターやカレンダー等の掲示は、通常の生活において行われる範疇のものであり、そのために使用した画鋲、ピン等の穴は、通常の損耗と考えられる。
		壁等のくぎ穴、ネジ穴（重量物を掛けるためにあけたもので、下地ボードの張替えが必要な程度のもの）	借主	重量物の掲示等のためのくぎ、ネジ穴は、画鋲等のものに比べて深く、範囲も広いため、通常の使用による損耗を超えると判断されることが多いと考えられる。
		タバコのヤニ	貸主	喫煙自体が用法違反、善管注意義務違反に当たらない場合、クロスがヤニで変色したり臭いが付着しているとまではいえない程度の汚れについては、通常の消耗の範囲であると考えられる。
			借主	該当居室全体においてクロス等がヤニで変色したり、臭いが付着した等の場合、通常の使用による汚損を超えると判断される。その場合は借主のその後の手入れ等管理が悪く発生、拡大したと考えられる。
		クーラー（借主所有）から水漏れし、放置したため壁が腐食	借主	クーラーの保守は所有者（この場合借主）が実施すべきであり、それを怠った結果、壁等を腐食させた場合には、善管注意義務違反と判断されることが多いと考えられる。
		クーラー（貸主所有）から水漏れし、借主が放置したため壁が腐食	借主	クーラーの保守は所有者（この場合貸主）が実施すべきものであるが、水漏れを放置したり、その後の手入れを怠った場合は、通常の使用による損耗を超えると判断されることが多いと考えられる。
		結露を放置したことにより拡大したカビ、シミ	借主	結露は建物の構造上の問題であることが多いが、借主が結露が発生しているにも関わらず、貸主に通知もせず、かつ、拭き取るなどの手入れを怠り、壁等を腐食させた場合には、通常の使用による損耗を超えると判断されることが多いと考えられる。
		台所の油汚れ	借主	使用後の手入れが悪く、ススや油が付着している場合は、通常の使用による損耗を超えるものと判断されることが多いと考えられる。

部位	項目	説明	負担区分	理由
壁・天井	天井	取付金具のない天井に直接つけた照明器具の跡	借主	あらかじめ設置された照明器具用コンセントを使用しなかった場合には、通常の使用による損耗を超えると判断されることが多いと考えられる。
建具・柱	ガラス	地震で破損したガラス	貸主	自然災害による損傷であり、借主には責任はないと考えられる。
建具・柱	ガラス	網入りガラスの亀裂（構造により自然に発生したもの）	貸主	ガラスの加工処理の問題で、亀裂が自然に発生した場合は、借主には責任はないと考えられる。
建具・柱	柱等	飼育ペットによる柱等のキズや臭い	借主	特に、共同住宅におけるペット飼育は未だ一般的ではなく、ペットの躾や尿の後始末の問題でもあり、善管注意義務違反として借主負担と判断される場合が多いと考えられる。
建具・柱	その他	網戸の張替え（破損等はしていないが次の入居者確保のために行うもの）	貸主	入居者の入れ替わりによる物件の維持管理上の問題であり、貸主の負担とすることが妥当と考えられる。
設備・その他	設備	設備機器の故障、使用不能（機器の耐用年限到来のもの）	貸主	経年劣化による自然損耗であり、借主に責任はないと考えられる。
設備・その他	設備	浴槽、風呂釜等の取替え（破損等はしていないが、次の入居者確保のため行うもの）	貸主	物件の維持管理上の問題であり、貸主負担とするのが妥当と考えられる。
設備・その他	設備	日常の不適切な手入れもしくは用法違反による設備の毀損	借主	借主の善管注意義務違反に該当すると判断されることが多いと考えられる。
設備・その他	鍵	鍵の取替え（破損、鍵紛失のない場合）	貸主	入居者の入れ替わりによる物件管理上の問題であり、貸主の負担とすることが妥当と考えられる。
設備・その他	鍵	鍵の取換え（破損、不適切使用、紛失による場合）	借主	借主の善管注意義務違反に該当すると判断されることが多いと考えられる。
設備・その他	水回り	消毒（台所、トイレ）	貸主	消毒は、日常の清掃と異なり、借主の管理の範囲を超えているので、貸主負担とすることが妥当と考えられる。
設備・その他	水回り	ガスコンロ置き場、換気扇等の油汚れ、すす	借主	使用期間中に、その清掃・手入れを怠った結果汚損が生じた場合は、借主の善管注意義務違反に該当すると判断されることが多いと考えられる。
設備・その他	水回り	風呂、トイレ、洗面台の水垢、カビ等	借主	使用期間中に、その清掃・手入れを怠った結果汚損が生じた場合は、借主の善管注意義務違反に該当すると判断されることが多いと考えられる。
設備・その他	居室	全体のハウスクリーニング（専門業者による）	貸主	借主が通常の清掃（具体的には、ゴミの撤去、掃き掃除、拭き掃除、水回り、換気扇、レンジ回りの油汚れの除去等）を実施している場合は、次の入居者を確保するためのものであり、貸主負担とすることが妥当と考えられる。

※東京都都市整備局のホームページ掲載の賃貸住宅トラブル防止ガイドライン（再改訂版）より引用。

第3章
民泊ビジネスをめぐる法律と手続き

今、民泊ビジネスが注目されている

外国人観光客の受け入れ対策と空き家対策という側面がある

● 民泊とはどのようなサービスなのか

　民泊とは、広い意味では、「一般の民家に泊まること」を意味しますので、本来的には有料であるか無料であるかは関係ありません。しかし、最近大きく話題になっている「民泊」とは、新たなビジネスモデルとしての「民泊」です。つまり、自分が居住用に使用している家や別荘、投資目的で所有している部屋などを、インターネットを通じて、観光客などに紹介し、宿泊施設として有料で貸し出すサービスのことをいいます。また、個人間で貸し借りするという点も、民泊の特徴のひとつになっています。

　これまでの民泊の広がりは、特に海外において顕著なものとなっていました。しかし、最近は、日本国内においても、少しずつ広がりを見せています。日本政府は、この流れを肯定的に捉えています。民泊は現状、旅館業法上の簡易宿所として扱われていますが、民泊の特徴に適合した法律を整備するよう、力を入れています。2017年6月に民泊を法制化した住宅宿泊事業法が成立し、2018年に施行されます。

● なぜ民泊には需要があるのか

　日本において民泊ビジネスが拡大する背景には、次の2つの理由があります。まず一つ目は、増加し続ける外国人観光客の受け入れ先として、非常に需要度が高くなっている、という点です。

　現在、日本政府は、日本を訪れる外国人観光客数を今後もさらに増加させるため、外国人向けの観光業に非常に力を入れ、ビザの緩和や免税範囲拡大などの取り組みの効果もあり、実際に日本を訪れる外国

人観光客数も、年々右肩上がりに増加しています。

　日本は2020年に東京オリンピック・パラリンピックの開催を控えており、開催期間中やその前後には、かつてないほど多くの外国人観光客が日本に押し寄せることが想定されています。

　しかし、その一方で、増加する外国人観光客を受け入れるだけの環境は、まだ十分に整備されていないという状況にあります。特に、ホテルなどの宿泊施設が足りていないという点は、非常に深刻な問題です。新しいホテルを建設するという方法もありますが、建材費の高騰や法的な規制などとの兼ね合いがあり、増加する観光客をカバーできるだけの新設ホテルを短期間に用意することは困難と考えられます。

　そこで、民泊によって、こうした需要に応えようという動きが盛んになってきました。民泊は、ホテル等に宿泊する場合に比べ、費用を安く抑えることができますので、外国人観光客側にとってもメリットの大きい滞在方法とされています。

　また、日本において民泊ビジネスが拡大するもう1つの理由は、空き家対策の一手段として捉えられている点にあります。

　空き家問題は、地方や郊外の地域だけに留まらず、都市部においても非常に深刻な社会問題となっています。手入れの行き届かなくなった空き家は、建物の老朽化による倒壊、不審者の侵入、害虫の発生、放火、ゴミの不法投棄、など、治安面や衛生面において、地域環境に大きな悪影響を及ぼします。しかし、誰も住まなくなった空き家を手入れをするにはそれなりの労力が必要ですし、建物を取り壊すにもかなりの費用が必要になります。そこで、空き家となった建物を民泊に活用するケースが増加し続けているわけです。所有者は今ある建物をうまく利用することで、単なる空き家とすることなく、利益を発生させることを目的としています。居住者のいない住宅を管理する人にとっては、非常に有効な資産運用方法とされています。

民泊を規制する法律について知っておこう

民泊解禁に向け、法整備が進められている

● 民泊と「ゲストハウス」「簡易宿所」との相違点とは

　前述したように、民泊とは一般的に、「個人がマンションの空き室や空き別荘、空き家などを活用して、旅行者を宿泊させること」というように解釈されています。そこで、この民泊という概念をもう少し正確に理解するために、民泊と混同しやすい「ゲストハウス」や「簡易宿所」といった他の用語との違いを抑えておきましょう。

　まず、「ゲストハウス」とは、バックパッカーなどによく利用されている宿泊施設です。複数人が1つの空間に宿泊をする形態で、シェアハウスやドミトリー、ホステルとも呼ばれています。

　宿泊費をかなり安く抑えることができるという点と、知らない人同士が交流を深めることができるという点がメリットです。

　次に、「簡易宿所」とは、旅館業法に定められている営業の種類の1つです。民宿やカプセルホテルなどが代表例で、ゲストハウスも簡易宿所に該当します。なお、旅館業法は、簡易宿所の他にも、「ホテル」「旅館」「下宿」という3つの営業について定めており、それぞれ、許可を受けるために必要な要件が異なっています。現状では、適法な民泊といえば、ほとんどが旅館業法上の簡易宿所の許可を取得していることを指します。

● 民泊と法規制

　個人宅に宿泊させる民泊は、それが対価（宿泊料）を得て人を宿泊させる営業の場合に旅館業法の規制を受け、行政の許可を得る必要があります。

しかし、旅館業法に定められた要件は厳しく、簡単に営業許可を取得することができず、民泊施設の中には旅館業法上の許可を得ていない違法状態で営業を行っているケースも多くあります。

　また、行政側としても、宿泊料を得ているのかどうか、営業といえるかどうか、その判断基準が難しいため、現段階では摘発に至らないケースも多く、「民泊は法的にグレーゾーン」との誤った認識も広まっています。現状でマンション一室のみを民泊ビジネスに活用するケースでは、後述するように玄関帳場（フロント）設置義務や、建物の用途変更（100㎡以上の床面積を一定の事業等に供する際に必要な建築基準法上の手続き）、消防設備などの課題があり、適法といえるものは多くありません。

　旅館業法上の営業許可を得ずに、有償で営業行為として民泊を営むことは、無許可営業として取締の対象となる可能性があります。しかし、その一方において、民泊施設を年々増加傾向にある外国人旅行客の宿泊施設の受け皿として捉える者が増加していることも民泊に対する需要の高まりを考慮すれば、否定できない部分もあります。

　そこで、日本政府は、国家戦略特区の設置や旅館業法施行令の一部改正によって、民泊についての規制緩和を行ってきました。

　また、現在はこれに続き、民泊の新しい枠組みとして、民泊新法を成立（住宅宿泊事業法として2018年に施行予定）させ、民泊の解禁に向けて、着々と法整備が進められています。

旅館業法上におけるアパートやマンションの課題

　民泊は旅館業法上の簡易宿所営業の許可を取得することになりますが、旅館業法の規制を読み込んでも、アパートやマンションでは旅館業の許可を取得することができないというような規定はありません。

　しかし、実際にはアパートやマンションの1室のみを民泊に活用することは難しいといえます。

その理由の第一が、玄関帳場（フロント）の設置義務です。玄関帳場とは、宿泊客が利用する空間から明確に区画され、客室を利用しようとする者が必ず通過し、その出入りを容易に視認することができる場所に設置する設備をいいます、簡単に言うと建物の入り口すぐの場所に自治体ごとに定められた面積以上確保できる物件でなければ許可を取ることができません（東京都大田区の場合、3㎡以上）。2016年の旅館業法改正により、宿泊客10人未満の場合、旅館業法上では、必須条件ではなくなりましたが、今なお、ほとんどの自治体の条例により、玄関帳場（フロント）設置が義務付けられています。

　また、宿泊施設の床面積が100㎡以上の場合、建築基準法上の用途変更という手続きが必要となりますが、変更部分は現行の建築基準法に適合させる必要が生じます。しかし、現行の建築基準法にアパートやマンションを適合させるリフォームは多大な費用がかかり現実的ではありません。さらに床面積が300㎡を超える場合で、民泊部分が1割を超えるときは、建物全体に自動火災報知機を設置する必要があり、民泊とは関係ない他の入居者の部屋に自動火災報知機を設置してもらうことは不可能なため、消防設備の課題がクリアできないのです。

　以上のことから、アパートやマンションについては、一棟丸ごと民泊に転用する場合や自治体の条例で特例が定められている場合を除いて適法に民泊を営業することはできません。したがって、もしアパートやマンションを使った適法でない民泊ビジネスをしている場合は、少なくとも後述する特区民泊あるいは住宅宿泊事業法（2018年施行予定）の規制範囲内で事業を行っていく必要があります。

● 旅館業法の特例制度

　旅館業法上の簡易宿所の許可を取得する以外にも、適法に民泊施設を営む方法として、国家戦略特別区域法に基づく旅館業法の特例制度を活用した特区民泊（正式名称は「国家戦略特別区域外国人滞在施設

経営事業」）があります。

　旅館業法上の簡易宿所として営業許可を得る際、居住用の物件を活用するとき、玄関帳場（フロント）の設置義務が負担となることは前述したとおりです。

　しかし、国が「国家戦略特別区域（以下、「特区」といいます）」と指定した区域内で営業しようとする場合、民泊条例が制定されていれば、玄関帳場の設置不要となる傾向にあります（ただし、条例で設置義務が定められていることもあります）。2017年6月時点では、東京都大田区と、大阪府、大阪市、北九州市という4つの自治体で民泊条例が成立、施行されています。

　宿泊者との契約の形態も異なり、簡易宿所営業としての民泊では宿泊契約を取り結ぶのに対し、特区民泊では賃貸借契約を締結する必要があります。

　なお、基準となる居室の床面積は、特区民泊では25㎡以上となっています。旅館業法施行令が改正され、居室の床面積要件が33㎡以上から1人当たり3.3㎡以上に緩和されたため、簡易宿所の要件よりも特

■ 民泊営業の種類と特徴

	簡易宿所としての民泊	特区民泊（各自治体ごとに詳細は異なる）	新法による民泊
法令	旅館業法	各自治体の条例	民泊新法
契約形態	宿泊契約	賃貸借契約	宿泊契約
申告方法	許可	認定	届出（家主居住型）登録（家主非居住型）
営業日数	制限なし	制限なし	180日以内
宿泊日数	制限なし	2泊3日以上	制限なし
居室床面積	3.3㎡以上（10名未満の場合）	25㎡以上	制限なし
住居専用地区での営業	不可	不可	可

区民泊の要件の方が厳しくなっています。

　宿泊者の宿泊日数についても特区民泊では、2泊3日以上（区域により6泊7日以上）と日数制限が設けられています。

● 旅館業法の規制対象となる基準

　そもそも、住宅に人を宿泊させる等を行う場合、旅館業法の規制対象となる基準はどのようなものでしょうか。

　旅館業法では、旅館業の定義や、営業許可を与える基準等が定められており、旅館業とは「宿泊料を受けて人を宿泊させる営業」と定義付けがなされています。つまり、旅館業とは、①宿泊料を受けて、②人を宿泊させる、③営業行為だといえます。

　ここにいう営業とは不特定多数の人を対象に、反復継続して有料で宿泊させる行為を指します。したがって、年1回開催されるイベントのため、自治体からの要請で自宅を提供する、いわゆる「イベント民泊」は、反復継続性が認められないことから、営業には該当せず、旅館業法上の許可を受ける必要はありません。また、無償で知人を自宅へ泊める行為も、広く民泊の定義に含まれるとしても、旅館業にはあたらず、営業許可がなくても違法行為とはなりません。

　ただし、「Airbnb」や「とまりーな」など、民泊を仲介するウェブサイトに宿泊施設を掲載した場合、たとえ実際には営業目的がなかったとしても、「不特定多数の人を対象」として「反復継続して」宿泊させる意思があるものと判断されてしまう可能性があります。仲介サイトを利用する際には、こうした危険性があることを理解しておく必要があります。

　旅館業法の規制対象となる場合、衛生設備や消防設備などが義務付けられており、保健所や消防署の許可を受ける必要があります。

　そのため、簡易宿所営業としての民泊を行うためには、提供するマンションの空き室や空き家などを簡易宿所に適合するよう建物の用途

変更や、衛生設備・消防設備を具備する必要があり、いくら規制緩和されたといっても、リフォーム費用がかさむだけでなく、許可取得には依然高いハードルが存在しています。

民泊は賃貸業ではないのか

賃貸借契約の中には定期借家契約と呼ばれるものがあります。これは、契約で定めた期間が終了した時点で、契約の更新はなく確定的に契約が終了する制度で、契約期間は自由に設定することができます。そのため日単位や週単位、月単位で契約期間を定めることも可能とされています。とすれば、日単位で定期借家契約を締結して、旅行者に民家を提供することはできないのでしょうか。定期借家契約を利用して民泊ができれば、旅館業法上の営業許可を受ける必要はなく、簡便に民泊ビジネスを始めることができます。

しかし、特区民泊を除き賃貸業と旅館業とは全く異質のものであり、両者は①衛生上の管理責任が誰にあるか、②宿泊者がその宿泊する部屋に生活の本拠があるか否か、という2点において決定的な違いがあります。つまり、旅館業であれば、衛生上の管理責任は事業者にあり、宿泊者はその宿泊する部屋に生活の本拠を有しないことになります。

これに対し、賃貸業では、管理責任は原則、借主にあり、借主は借

■ 民泊営業許可要件の難易度

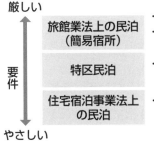

旅館業法上の民泊（簡易宿所）	・旅館業法上の営業許可が必要。 ・建築基準法、消防法などの要件をクリアする必要がある。
特区民泊	・国家戦略特別区域内であり、かつ民泊条例が制定されている自治体であることが要件
住宅宿泊事業法上の民泊	・ホストや管理者が自治体へ届出をすれば民泊ビジネスを行うことができる。

第3章 民泊ビジネスをめぐる法律と手続き

り受けた部屋に生活の本拠を有していることになります。

これを民泊にあてはめた場合、旅行者は、わざわざ宿泊する部屋に住民票を移すようなことはしませんから、民泊は賃貸業ではなく旅館業に含まれることになります。したがって、やはり合法的に民泊ビジネスを行うには旅館業法上の許可を取得する必要があります。

● 2018年施行予定の住宅宿泊事業法とは

旅館業法施行令が改正されたといっても、アパートやマンションではほぼ営業ができないということも最大のネックとされています。特区民泊にしても、エリアが限定されているため、個人が住む地域が国家戦略特区に指定されていない、あるいは指定されていても、民泊条例が制定されていない場合は、旅館業法上の営業許可を受けなければ合法的に民泊を行うことができません。

このように国家戦略特区の設定や、旅館業法施行令の一部改正と、民泊推進に向け舵を切りながらも、住宅地での民泊が認められないなど、一般的に民泊を普及させるには至っていないのが現状です。

そこで、日本政府は、民泊の新しい枠組みとなる新法（住宅宿泊事業法）を成立させ、住宅地も含めて民泊を解禁する方向で進めています。

新法では、ホスト（住宅宿泊事業者）や、運営管理代行業者（住宅宿泊管理業者）、民泊仲介サイト（住宅宿泊仲介業者）が届出や登録を行うことで、旅館業法の許可を得ることなく、民泊を行うことが可能になります。また、従来禁止されていた住宅地における民泊の実施も可能になることから、民泊ビジネス参入のハードルが低くなっています。

さらに住宅宿泊事業法では、家主は宿泊させたくない客については受け入れを拒否することができます（旅館業法では、原則として宿泊客の受け入れを拒否できません）。したがって、近隣トラブルや他の入居者とのトラブルなどの発生リスクを最小限度にとどめることができます。

Q 国家戦略特区とはどのようなものなのでしょうか。住宅宿泊事業法が施行されるとどうなるのでしょうか。

A 特区民泊は、本来、旅館業法上の営業許可に対する規制緩和の一環で、旅館業営業を取得できない空き家の受け皿として用意された制度でした。両者の違いは、特区民泊が賃貸借契約なのに対して旅館業同様の宿泊契約であること、特区民泊が自治体の判断により認定を要するのに対して、事業者が通知（届出）するだけで営業できる点などにあります。

これまでに特区に指定されている地区は、東京都、神奈川県、千葉県千葉市・成田市、宮城県仙台市、秋田県仙北市、新潟県新潟市、大阪府、兵庫県養父市、京都府、広島県、愛知県、福岡県福岡市、北九州市、沖縄県です。

国際戦略特区に指定されたエリア内であり、かつ自治体が民泊条例を制定している場合には、都道府県知事、市長、区長から、「外国人滞在施設経営事業の認定（特定認定）」を受ければ、旅館業法上の営業許可がなくても、民泊を実施することができます。

都道府県知事等の認定により実施できる民泊を「特区民泊」といい、認定を受けるためには下記の要件を満たす必要があります（各自治体が定める条例によっては要件が若干異なります）。

① 宿泊施設の所在地が、国家戦略特別区域内にあること
② 施設を使用させる期間は3日〜10日（条例で定める期間以上）であること
③ 宿泊施設の各部屋が次の条件を満たしていること
・一部屋の床面積は、25㎡以上であること
・出入口と窓は、鍵をかけることができるものであること
・出入口と窓を除き、居室と他の居室、廊下とが壁で仕切られていること

- 適当な換気、採光、照明、防湿、排水、冷暖房の設備を有していること
- 台所、浴室、便所および洗面設備があること
- 寝具、テーブル、椅子、収納家具、調理のために必要な器具または設備、清掃のために必要な器具があること
④ 施設の使用開始時に、清潔な部屋を提供すること
⑤ 施設の使用方法や緊急時における情報提供などを宿泊客が使用する言語で案内すること
⑥ 滞在者の氏名、住所、職業、国籍、旅券番号などを記録した滞在者名簿を備えること
⑦ 特定認定の申請前に、周辺住民に対して国家戦略特別区域外国人滞在施設経営事業の用に供されるものであることについて、適切な説明が行われていること
⑧ 周辺住民からの苦情及び問合せについて、適切かつ迅速に処理が行われること

上記は、国家戦略特別区域法施行令12条や厚生労働省からの通達により定められた要件です。

また、宿泊開始時と終了時に宿泊者と対面し、名簿に記載されている人物と同一人物かなどの確認も必要です。

● **特区民泊と住宅宿泊事業**

特区民泊は、消防法をはじめとする設備要件や特定認定申請を得る前の手続きの大変さなどから、実際の申請数は伸び悩んでいます(たとえば、大阪市の場合、2017年3月Airbnbに登録物件数約12,000件中、特区民泊認定数は40件程度)。さらに、2016年4月1日に旅館業法施行令・施行規則の改正による居室の床面積要件の緩和等がなされたことで、有用性は低下しているため、2018年以後は、住宅宿泊事業法施行により、申請率はさらに減少する可能性もあります。

ビジネスに適した物件かどうかをどのように判断すればよいのか

現状では旅館業法、建築基準法、消防法を特に意識する

● 民泊ビジネスに適さない物件もある

　民泊ビジネスの収益性に注目が高まる反面、実際には適法に民泊ビジネスを行えない物件も多く存在することが、見過ごされている傾向にあります。これはAirbnbなどの民泊仲介サイトに登録されている物件であっても同様で、実際に法令違反で摘発されるケースが跡を絶ちません。今後、施行が予定されている民泊新法（住宅宿泊事業法）においては、多くの規制が緩和されることが見込まれていますが、現状では、民泊ビジネスには適さない物件も多くあることに注意が必要です。

● どのような物件が望ましいのか

　民泊ビジネスに適した物件は、言い換えれば、旅館業法をはじめ、建築基準法、消防法、都市計画法などの要件をクリアできる物件といえます。これから専用の建物を新築する場合であっても、中古物件を活用する場合であっても、共通する要件は多いので、それぞれの法律を中心に基本的なポイントについて説明していきます。なお、これらの法律は自治体ごとの条例で緩和、あるいは強化されていることがありますので、あらかじめ管轄の窓口に確認しましょう。また、旅館業法や建築基準法、消防法以外にもバリアフリー法（条例）や、景観法（条例）など、細かい法令を遵守しなければならない場合もあります。

● 立地をチェックする

　最初に注意しなければならないのは、物件の立地条件です。これは、一般的なビジネスで言うところの集客に関係するものとは別に、適法

第3章　民泊ビジネスをめぐる法律と手続き

に民泊を行えるか否かの立地条件となります。都市計画法では、住居、商業、工業など地域の特性に基づき12種類の分類がなされていますが、このうち旅館の営業ができるのは「第一種住居地域、第二種住居地域、準住居地域、近隣商業地域、商業地域、準工業地域」6種類の用途地域とされています。

ただし、上記以外であっても各自治体が特別用途地区など、用途制限を緩和している地域については、旅館営業を行うことができます。

なお、今後、施行が予定されている民泊新法（住宅宿泊事業法）では、建物の用途が「住宅」のままで宿泊事業を行うことが前提とされているため、住居専用地域でも民泊ビジネスが行える見込みです。

● 戸建てとアパート・マンション

報道などでは、マンションの一室などを民泊に活用する例などが報じられていますが、現状、マンション一室のみを民泊ビジネスに活用することは、玄関帳場（フロント）設置義務や、建物の用途変更（100㎡以上の床面積を一定の事業等に供する際に必要な建築基準法上の手続き）、消防設備などの課題があり、適法に行うのは、ほとんど不可能です。

このことから、現状、民泊ビジネスに適した物件は戸建てのみとなり、アパートやマンションについては、一棟丸ごと民泊ビジネスに転用する場合のみ検討の余地があります。

● 違法建築物と既存不適格建築物

特にこれから中古物件を購入する場合、検討している物件が増改築されており、規定の建ぺい率（敷地面積に対する建築面積の割合）が超過していないか、あるいは容積率（敷地面積に対する建築延べ面積の割合）が超過していないかに注意する必要があります。また、建築確認申請のされていない増改築でないか、接道条件を満たさなくなっていないか（4m以上の道路に2m以上接しているか）などの確認が

必要です。これらに該当する物件は違法建築物ですので、適法な許可を取得することはできません。

一方で、現行法上では、建ぺい率や容積率を超過しているものの、新築時や建築確認申請時の法律では適法であった建物の場合は、既存不適格建築物と呼ばれ、用途変更などの確認申請をする際に建物全体を現行法令に適合させる必要があります。

したがって、床面積が100㎡を超える既存不適格建築物物件についても民泊ビジネス活用が困難な物件といえます。

● その他のチェックポイント

その他のチェックポイントは大きく分けて①玄関帳場設置可否、②水回り設備、③客室面積等となります。

① 玄関帳場設置可否

2016年の旅館業法改正により、宿泊客10人未満の場合、必須条件ではなくなりましたが、今なお、ほとんどの自治体の条例により、玄関帳場（フロント）設置が義務付けられています。

玄関帳場は、宿泊客が利用する空間から明確に区画されており、さらに客室を利用しようとする者が必ず通過し、その出入りを容易に視認することができる場所に設置する必要があります。簡単に言うと建物の入り口すぐの場所に自治体ごとに定められた面積以上確保できる物件でなければ許可を取ることができません（東京都大田区の場合、3㎡以上）。また、天井高さの2分の1以上開口部が必要などの要件がある自治体もあります。

② 水回り設備

水回り設備の主なものは、浴室、便所、洗面となります。多くの場合、浴室は浴槽付きで、浴室の前に脱衣所が備わっている必要があります。便所は収容人員ごとに個数が定められている自治体（5人ごとに1個など）や、東京都大田区のように最低2個としているもの、東

京都品川区のように各階に男女別設置という厳格なものまであります。いずれの場合も、手洗いを設置する必要があり、東京都大田区のように、水タンク上の手洗いを認めない例もあります。

③ 客室面積等

ホテル営業と比べると、民泊（簡易宿所）の場合、共用部の面積要件は厳格ではありませんが、客室や寝室については、厳格です。まず、客室の延床面積は、3.3㎡に宿泊者の数を乗じる面積以上なければなりません（3名の場合9.9㎡以上）。

さらに寝室面積（客室のうち、寝ることが可能な面積）は洋室の場合、1名につき3㎡以上、和室の場合、2.5㎡以上必要です。この面積には、設置された固定の机や扉の開閉スペースなどが除かれます。また、客室の窓面積として、合計客室面積の8分の1以上の広さがなければなりません。

■ 民泊物件の選び方

```
┌─────────────────────────────┐
│ 旅館営業不可能な地域である　　　　　　│
└─────────────────────────────┘
          No ▼
┌─────────────────────────────┐      Yes  ┌──────────────┐
│ 延べ床面積100㎡以上の戸建て　　　　　│ ────────→│ 用途変更の　　　│
│ またはマンションである　　　　　　　│          │ 確認申請必要　　│
└─────────────────────────────┘          └──────────────┘
          No ▼
┌─────────────────────────────┐      Yes  ┌──────────────┐
│ 違法建築物ではないが既存不適格建築物である │ ────→│ 建物全体を　　　│
│                             │          │ 現行法令に適合　│
└─────────────────────────────┘          └──────────────┘
          No ▼
┌─────────────────────────────┐      Yes  ┌──────────────┐
│ 玄関帳場設置が不可能である　　　　　　│ ────────→│ 義務ある自治体　│
│                             │          │ かをチェック　　│
└─────────────────────────────┘          └──────────────┘
          No ▼
┌─────────────────────────────┐      Yes  ┌──────────────┐
│ 水回り設備が不適切である　　　　　　　│ ────────→│ 大規模な改修　　│
└─────────────────────────────┘          └──────────────┘
          No ▼
┌─────────────────────────────┐      Yes  ┌──────────────┐
│ 面積要件をクリアできない　　　　　　　│ ────────→│ 大規模な改修　　│
└─────────────────────────────┘          └──────────────┘
          No ▼
     ◆民泊ビジネスに最適◆
```

住宅宿泊事業法について知っておこう

家主の居住の有無で、規制が異なる

● 住宅宿泊事業法はなぜ注目されているのか

　前述したように、現段階で適法に民泊ビジネスを行うためには、旅館業法上の簡易宿所の許可を取得するか、民泊特区の特定認定を受けるしかありません。

　しかし、民泊特区の特定認定を受けるハードルは高く、旅館業法上の許可については用途地域の制限や建物自体の事情（建築基準法違反）により、そもそも許可取得ができないことがあります。しかし、住宅宿泊事業法は、まさに民泊という概念をそのまま法律に落とし込まれ、建物の用途は「住宅」のままで事業を行うことを許容しています。

　このことから、これまで述べたように、住居専用地域における民泊ビジネスが可能となることが本法の注目される第一の理由です。

　また、これまで煩雑であった旅館業の許可手続きとは違いインターネットを使って事業者自身が簡単に届出や登録の手続きを行うことができるようになる（予定）ということも大きな注目点となっています。

● 家主居住型と家主不在型による2タイプがある

　住宅宿泊事業法（民泊新法）では事業形態を「既存の住宅を活用した宿泊サービスの提供」と位置付けているため、その対象となる民泊施設は、旅館やホテルなどの宿泊施設ではなく、あくまでも「住宅」であり、家主の居住の有無により「家主居住型」と、「家主不在型」に分類した上で、個別に規制を設けています。

　まず、「家主居住型」は、別名ホームスティ型とも呼ばれ、住居提供者（家主）が実際に住宅内に居住しながら、その住宅の一部を宿泊

第3章　民泊ビジネスをめぐる法律と手続き

者に貸し出すタイプの事業です。家主居住型の住宅宿泊事業を実施するためには、以下の要件をクリアする必要があります。
① 宿泊者に貸し出す住宅は、住宅宿泊事業者の生活の本拠である（原則として住民票がある）住宅であること
② 宿泊者に住宅の一部を貸し出す日（提供日）には、必ず住宅宿泊事業者も泊まっていること（住宅宿泊事業者が旅行などに出かけている間に家を貸し出す場合は、家主居住型には該当せず、家主不在型となる）

また、家主居住型では住宅宿泊事業者自らが管理・運営を行うことから、住宅宿泊事業者には、利用者名簿の作成や備え付け、利用者に対する注意事項の説明、住宅宿泊事業とわかる標識の掲示などが求められ、これにより宿泊者の安全性や衛生が確保されると共に、住宅宿泊事業者と宿泊者双方の匿名性を排除することで、住宅宿泊事業が犯罪の温床となることを防止しています。

さらに、法令違反が疑われる場合や感染症などの発生時等、必要と認められる場合には行政庁による報告徴収や立ち入り検査、業務停止命令などの処分や罰則なども規定されています。

これに対し、住宅宿泊事業者が生活の本拠としていない、あるいは提供日に住宅宿泊事業者が不在の住宅を宿泊者に提供するタイプの民泊が「家主不在型」で、投資型民泊とも呼ばれています。

家主不在型については、家主居住型と比べて、騒音やゴミ出しなどの近隣トラブルや犯罪に利用される可能性が高いことから、住宅宿泊事業者はあらかじめ住宅宿泊管理業者に管理・運営を委託する必要があります。また、住宅宿泊事業を行っている旨及び住宅宿泊管理業者の連絡先の玄関への表示が義務付けられています。

家主不在型の場合の住宅宿泊管理業者は、住宅宿泊事業者に代わって、近隣からのクレームの窓口となって、苦情があれば適切に対応する義務があります。

また、利用者名簿の作成や備え付け、利用者に対する注意事項の説明など、家主居住型の住宅宿泊事業者と同様の義務が課せられているだけでなく、宿泊者が施設の共有設備を破損させた場合に備え、賠償保険の加入も求められています。
　このように、住宅宿泊管理事業者の責任は重大であり、事業性が高いことから、問題があれば行政サイドが登録を拒否できるよう、住宅宿泊管理事業者については登録制が採られています。
　なお、住宅宿泊管理事業者が上記業務を懈怠した場合は、業務停止命令や、登録取消等の処分、罰則などが設けられています。

● どちらのタイプで事業を行うか

　家主居住型は、マンションなどの空き部屋を利用して行うことが可能なことから、少ない予算で気軽に始められ、また日本にいながらにして異文化交流を楽しむことができるのが醍醐味のひとつといえるでしょう。これに対し、家主不在型は、空き家の有効活用が期待されており、通常の賃貸よりも高い利回りが期待できるとして、注目を集めています。どちらのタイプで民泊ビジネスに参入するかは、自身が所有する不動産の性質などを基準に判断していくとよいでしょう。

● 住宅宿泊事業者と管理業者への規制

　住宅宿泊事業法に基づいて住宅宿泊事業者が意識すべき規制は主に以下のようになります。
・1年間の営業日数の上限は180日以内
・各部屋の床面積に応じた宿泊者数の制限、清掃など衛生管理
・非常用照明器具の設置、避難経路の表示、火災・災害時の宿泊者の安全確保
・外国人観光客向けの外国語による施設案内、交通案内
・宿泊者名簿の備え付け

・周辺地域の生活環境悪化防止のため、外国人観光客に対する外国語を用いた説明
・周辺地域の住民からの苦情、問い合わせに対する適切かつ迅速な対処
・届出住宅ごとに公衆の見えやすい場所に国が定めた様式の標識を表示
・宿泊日数の定期的な報告

　家主不在型の場合は、騒音やゴミだしのトラブルをはじめ、犯罪、売春などの目的に利用されるおそれも生じるため、住宅宿泊事業者から住宅宿泊管理事業者に管理を委託し、適正な管理や安全面・衛生面の確保、適切な苦情対応をさせることが重要です。

　これは家主居住型においても、届け出た住宅の部屋数が、住宅宿泊事業者として対応できる適切な管理数を超える場合であっても同様です。

　なお、家主不在型であっても、自身の生活の拠点として使用している住宅と、民泊用に届け出た住宅との距離や、その他の事情を勘案した結果、委託の必要がないと認められる場合は、住宅宿泊管理業者に物件を委託する義務が免除されます。

● 住宅宿泊仲介業者への規制

　住宅宿泊事業法には、住宅宿泊仲介業者として登録した民泊仲介サイトについても、以下のような規制が定められています。
・名義貸しの住宅宿泊事業禁止
・宿泊者との宿泊契約（住宅宿泊仲介契約）の締結に関し、住宅宿泊仲介業約款を定めて観光庁長官へ届け出ること
・民泊ゲストおよびホストから受ける手数料の公示
・宿泊者との宿泊契約締結時、書面の交付による説明
・営業所または事業所ごとに国が定めた様式の標識を掲示

　なお、民泊仲介サイト最大手のAirbnbは、すでに住宅宿泊事業法を前提に年間営業日数180日以内を遵守させるため、宿泊日数が180日を超えた住宅宿泊事業者の宿泊施設は表示されないよう対策しています。

● 事業者に対する監督

　行政は、届出や登録を受けている住宅宿泊事業者や住宅宿泊管理事業者に対して、立ち入り検査等をする権限を有しています。

　たとえば、180日を超えて営業をしているとして、周辺住民から通報があった場合や、違法な運営代行をしていると判断された場合などに立ち入り調査や関係者への聞き込みなどを受ける可能性が生じます。

　住宅宿泊事業法に定められている具体的な監督権限は以下のとおりです。

・報告徴収、施設内への立入検査、質問検査
・業務改善命令
・法令違反をした事業者に対する業務停止命令
・法令違反をした事業者に対する業務廃止命令

　なお、虚偽の届出を行った場合や業務停止命令・廃止命令違反を行った場合、100万円以下の罰金・6か月以下の懲役またはこれが併科されます。

■ 住宅宿泊事業法の2つのタイプ

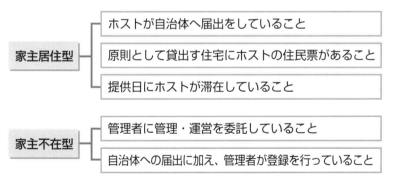

Q 貸し出す部屋の種類と貸し出す部屋の範囲について教えてください。

A 住宅宿泊事業法の施行により、マンションにおける民泊が合法に行えるようになりますが、マンションの一室を利用して民泊ビジネスを始める場合、そのマンションの管理規約で、民泊利用が禁止されていないことが必要になります。直接的に民泊利用を禁止していないまでも、住居以外の使用を禁止する文言が書かれていれば、民泊ビジネスを行うことは難しくなります。

また、賃貸物件で民泊ビジネスを開始する場合は、必ず大家さんに民泊の許可を得ておく必要があります。無断で民泊を行った場合は、賃貸借契約を解除される危険性がありますので、十分に注意する必要があります。

民泊で貸し出される部屋の種類には、大きく①貸切（一棟貸し）、②個室、③シェアルームという３つのタイプに分かれます。貸切とは、一軒家や部屋全体を貸し出すことで、「家主不在型」がこのタイプになります。次に個室とは、マンションの一室など空いている部屋を貸し出すことで、キッチンやバストイレはホスト（家主）と共同で使用することになります。最後にシェアルームとは、ホストが居住する部屋をカーテンなどで区切ってゲストに貸し出すことです。従前からゲストハウスやドミトリーと呼ばれるものはこの形態を指しました。貸切に比べて、個室やシェアルームでは家主が居住していることから、近隣とのトラブルが発生した時に即時に対処でき、また民泊を行うに際し初期費用を抑えることができるというメリットがあります。

なお、貸し出す部屋の範囲については、家主の判断によりますので、あらかじめ間取り図などを作成して、どこまで使用できるのかを明示してあげるとよいでしょう。

旅館業法の許可手続きについて知っておこう

関係法令の基準をすべて満たすと許可を取得できる

● どんな手続きをするのか

　ゲストハウスや民泊を適法に行う方法のひとつとして、旅館業法上の簡易宿所営業の許可を取得する手続きがあります（旅館業法第2条第4項）。許可を得るまでの大まかな流れは、①事前相談、②関係機関への照会・相談、③申請手続き④建物の検査、⑤許可の取得という経過をたどります。もっとも、申請先の自治体により手続きの流れが異なりますので、事前の確認が必要です。

① **事前相談**

　申請先である保健所（保健センター）に加えて、各法令を所管する部署と事前に相談し、法令に適合するように建物の設備・構造の整備などを行いましょう。

　たとえば、建築基準法の規制（用途地域など）は各市区町村の建築審査課で、消防法の規制（自動火災報知設備や誘導灯の設置など）は建物所在地を管轄する消防署で相談ができます。

② **関係機関への照会・相談**

　申請を受理した保健所は、市区町村の建築審査課（建築指導課）、消防署、教育機関、都道府県庁などの関係部署に照会を行います。建物所在地から110m以内に学校等（幼稚園、小学校、児童が利用する図書館、公園など）がある場合は、許可申請の前に当該学校等に対しても意見照会を行い、了解を得る必要があります（照会自体は保健所等を介して行います）。

③ **申請手続き**

　旅館業法上の許可権者は都道府県知事（建物所在地が保健所設置市

または東京23区の場合は市長または区長）です。しかし、実務上は建物所在地を管轄する保健所（保健センター）が申請先となっていますので、保健所の担当部署に申請を行います。

④　建物の検査

関係部署への照会が終わると、消防署の職員や、保健所の職員が、建物について法令上の基準に適合しているかどうか検査を行います。なお、厳密な流れとしてはⓐ消防署の手続き、ⓑ消防署の検査、ⓒ消防法令適合通知書交付、ⓓ保健所の手続き、ⓔ保健所の検査、となります。

⑤　許可の取得

以上の手続きを経て、関係するすべての法令（自治体の条例を含みます）の基準を満たしていると判断されると、保健所より簡易宿所営業の許可が下ります。

● 許可申請書にはどのような内容を書くのか

簡易宿所営業の許可申請をするときに作成する申請書は「旅館業営業許可申請書」です。許可申請書に記載する主な事項は、①ゲストハウスや民泊を行う建物（営業施設）の名称、②営業施設の所在地、③営業の種別（簡易宿所営業である旨を記載します）、④営業施設の構

■ 旅館業法3条2項1号〜3号の事由

1号	旅館業法又は旅館業法に基づく処分に違反して刑に処せられ、その執行を終り、または執行を受けることがなくなった日から起算して3年を経過していない者(個人・法人)
2号	旅館業法上の許可を取り消され、取消しの日から起算して3年を経過していない者(個人・法人)
3号	業務を行う役員の中に1号または2号の該当者がいる法人

※いずれかの事由に該当すると不許可となる場合がある。

造設備の概要、⑤申請者に旅館業法第3条など、違反該当の有無及び該当するときはその内容、⑥建物の管理者の氏名です。

もし⑤に該当する場合、保健所は許可を与えないことができます。許可が下りないとゲストハウスや民泊を行えませんが、虚偽記載は公正証書原本不実記載罪（刑法157条）という犯罪になり得ますので、申告書は正確に書かなければなりません。

添付書類などについて

許可申請書の添付書類として提出する主な書類は、①付近見取図、②建物に関する各図面、③定款の写しや登記事項証明書です。その他、自治体や建物所在地によっては、追加して提出すべき添付書類が生じる場合があります。また、申請手数料も自治体によって異なりますので（1～2万円台が多い）、事前の確認が必要です。

■ 旅館業法上の営業許可申請手続きの流れ

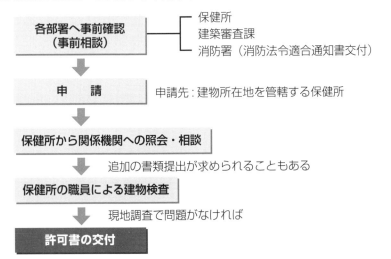

6 民泊のトラブル対応策について知っておこう

ゲストや近隣住民とのトラブルの発生の予防と対策

● どんなトラブルが想定されるのか

　民泊ビジネスには、時として様々なトラブルが生じます。トラブルが発生する主な要因は、大きく分けて2つあります。1つ目は、ゲストとホストがインターネット上の情報だけでやり取りをするという点、2つ目は、見ず知らずの外国人を自分達の生活空間などに招き入れるという点です。

　ゲストはインターネット上の紹介ページを見て、利用したい宿泊施設を探します。ホストは、多くのゲストに興味を持ってもらえるよう、自分の施設をうまく紹介していかなければなりません。特に、建物の外観や部屋の内装などの写真は、アピールするために欠かせない要素です。そのため、できるだけよい印象を持ってもらえるよう、写真の撮り方に工夫を凝らす人も多いようです。

　しかし、実際よりも優良な施設であるかのように勘違いをさせてしまうと、ゲストが実際に現地を訪れた際に「話が違う!」とクレームになってしまう場合があります。このような事態の発生は、ホストとしての信用を落とすだけでなく、ゲストから宿泊料の返金を求められたり、様々なペナルティを科せられることも予想されます。

　情報の受け取る側の立場に立ち、やり過ぎない程度のアピールに留めておくよう心がけることが大切です。

　また、パソコンやスマートフォンなど、画面上の確認だけでやり取りをすると、読み忘れや読み間違い、勘違いなどが生じる可能性が高くなります。したがって、重要な事項については、何度もメールなどで伝えるようにしたり、プリントアウトしてもらうように促すなど、

念を押した確認を求めるとよいでしょう。また、外国人にとって宿泊施設までの道順がわからず、近隣住民に聞きまわったり、間違った建物に立ち入ってしまうなどのトラブルも多くあります。間違いがなくなるような案内図の作成や、他の建物との区別が明確になるような工夫（目立つ看板やのれんなど）を講じる必要があります。

● 文化の違いによるトラブルはあるのか

たとえば、欧米諸国では靴を脱ぐ習慣がないため、土足のまま部屋に上がり込んでくることがあります。文化の違いによるトラブルは事前に注意事項を明確に伝えることで回避することが可能です。前述の土足の例であれば、玄関先に土足厳禁である旨をゲストの使用する言語で書いた張り紙やステッカーなどを貼り、スリッパなどを準備しておくだけで防ぐことができます。

また、トイレについても文化差が激しい生活習慣と言えます。便座の座り方や、トイレットペーパーの流し方、水の流し方などを絵などを使ってわかりすく書いた紙を貼っておくようにするとよいでしょう。

この他、ゲストに守ってほしい事項などがあれば、紙に書いて壁に貼っておくなど、少しの工夫でトラブルは避けることができます。

● 宿泊拒否をすることはできないのか

あまり考えたくないことですが、訪日外国人による盗難や暴行など、刑事事件が発生したケースも多く存在していますので、危機管理意識は常に持っておくことが大切です。万が一、何か事件に巻き込まれた場合には、必ずすぐに警察に通報しましょう。

まず、旅館業法では、宿泊客が違法行為をする恐れがあると認められる場合や、伝染病の疾病にかかっていると明らかな場合に宿泊を拒否することができます。

また、2018年から施行される住宅宿泊事業法（民泊新法）では、宿

泊させたくない客について受け入れを拒否することができるようになる予定です。住宅宿泊事業法の登録を選択する場合は、少しでも不安な要素が感じられたり、おかしいなと思うような部分がある場合は、躊躇せずに宿泊拒否をするようにしましょう。

　しっかりと審査が行われている施設である方が、ゲスト側も安心して利用することができるはずです。

● 地域コミュニティや他の入居者との調和をはかる

　特にホスト非居住型では、ホストの目が行き届かなくなる分、マナー面についてのトラブルが発生しやすくなる傾向があります。

　夜中に大声で騒ぐ、ゴミ捨てのルールに従わないなど、近隣住民や他の入居者からのクレームが生じることはよくあることです。ゲストには、地域の人々の迷惑になる行為をしないように、十分注意喚起をしておく必要があります。

　また、2018年に施行予定の住宅宿泊事業法ではマンションも登録できるといっても、セキュリティの厳しいファミリー向けの分譲マンションや高級マンションなどは、不特定多数の人の出入りを好まない傾向にあるため、民泊ビジネス用の物件には不向きです。マンションの管理規約に民泊を禁止する分譲マンションも出現しており、民泊ビジネスを始める際には、このようなタイプのマンションは避けましょう。なお、マンション購入時には管理規約に民泊を禁ずる条項は盛り込まれていなくても、その後、ある一定の要件を満たせば、管理規約を変更して民泊を禁止する条項を設けることができます。

　したがってまず、民泊ビジネスを始める前に所有するマンションが民泊を禁止していないかどうか確認する必要があります。

　管理規約で民泊が禁止されていなくても、トラブルが多発すれば、管理規約を変更して、民泊が禁止されることもあります。そうならないためにも、民泊ビジネスを始める前の段階から、管理者や他の入居

者との交流を図り、民泊への理解と協力を求めておく必要があります。いきなり不特定多数の外国人がマンションに出入りするようになれば、誰でも当然不信感を抱きます。戸建て、マンション、いずれの場合であっても、民泊が持つ特徴や、絶対周囲に迷惑をかけないように配慮すること、問題が生じた場合に備えて苦情窓口を用意することを、しっかり検討した上で、他の住民に説明して同意を得るようにしましょう。

　民泊は、地域コミュニティや他の入居者との調和が図られることで、初めて成功したといえます。ホストとゲスト、地域住民いずれもが納得できて、初めて充実した異文化交流を実現できるのです。

● 賃貸借契約の場合には大家の許可をとる必要がある

　民法では「賃借人は、賃貸人の承諾を得なければ、その賃借権を譲渡し、又は賃借物を転貸することができない」と定められており、大家に無断で部屋をまた貸し（転貸）をすれば、大家は賃貸借契約を解除することができるとされています。

　民泊は、特区民泊を除けば賃貸借契約ではなく宿泊契約であることから、厳密には「また貸し」にあたりません。しかし、住宅宿泊事業法の施行後にマンションを活用して行う民泊ビジネスは反復継続して行われるため、「また貸し」と同じ状況にあるといえます。また、大家に無断で民泊を開始することは、「賃借人を信用して部屋を貸した」大家の信頼を裏切ることにもなりますので、大家に無断で民泊を行えば、賃貸借契約を解除される可能性は十分にあります。そのため、民泊に使用するマンションが賃貸物件である場合には、事前に大家の許可をとる必要があります。

● もしトラブルが発生してしまったら

　ここまで、情報提供、ゲストの見極め、地域との連携など、様々な注意点について説明をしてきましたが、これらの項目についてどんな

に注意を払っていても、トラブルが生じてしまうことはあり得ます。トラブルが発生してしまったら、被害を最小限に抑えることを考えるようにしましょう。

　まず、迅速に対応することが何よりも重要です。ゲストからのクレームであっても、地域住民や他の入居者からのクレームであっても、まずは真摯に相手の意見を受け止め、すぐに対応にあたるようにしましょう。すぐに動くという姿勢をみせるだけでも、相手の怒りは収まりやすくなるものです。軽微なクレームであれば、対応の速さで、結果的に高評価を得られる可能性もあります。事態が深刻なトラブルの場合は、Airbnbなど利用しているサイトのヘルプセンターや、行政機関の設置している相談窓口などに相談しましょう。一人で抱え込まずに、第三者に助けを求めることが大切です。

● トラブル防止のためにハウスルールを作る

　ハウスルールとは、ホストがゲストに守ってもらいたい家の取り決めごとをいいます。喫煙可能なエリアはどこか、家電製品の使い方やトイレの使い方、ゲストが使用できる部屋の範囲はどこまでか、土足厳禁の徹底や、ゴミ出しの仕方や建物内では騒音を出さないなど、ホストとゲスト、ゲストと近隣住民との間のトラブルを回避し、快適に

■ トラブルの防止のためにすべきこと

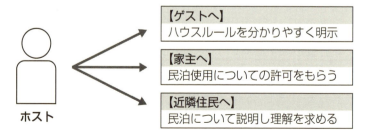

民泊ビジネスを行えるよう、様々な約束事をハウスルールという形でまとめておく必要があります。

ハウスルールは英語など複数言語で記載し、写真やイラストなどを用いて、視覚的にわかりやすく明示するとよいでしょう。

Airbnbでは、ハウスルールが公開されるため、ゲストは宿泊リクエストを送る前に、必ず定められたハウスルールを読んで、これに同意しなければなりません。ハウスルールと同時に保証金を設定しておけば、ルール違反によって損害が発生した場合には、ホストは保証金を受け取ることができ、またゲスト側としても、追加料金を避けたいとの心理から、ルールに従った行動をとるようになるので、リスクヘッジにもなります。

● 地域で受け入れられる物件なのかをよく調査する

地域住民にとっては、近隣に民泊ができることは、パチンコ店やアミューズメント施設などが近隣にできるのと同様に不安に感じていることを認識しておく必要があります。見ず知らずの人が多数訪れるようになる点では、民泊もパチンコ店なども変わらないからです。

また、軽井沢町（長野県）などのように「不特定多数による利用や風紀を乱すおそれ」を理由として、民泊施設の設置を自治体内の全域で認めない旨を宣言している自治体も存在します。

民泊を始める際は、その計画段階から地域に対して説明会を行うなど、営業内容について周知を図り、地域住民と良好な関係を構築することが望ましいといえます。また、物件を購入する前には、法令上の規制だけでなく、自治体が民泊についてどのような対応を取っているのかを確認しておくことが重要です。

● どんな法規制があるのか

民泊を始めるにあたっては、現行法上では旅館業法上の簡易宿所営

業の許可を取得することが必要です。この許可を取得するためには、様々な法令や自治体の条例が定める規制をクリアしなければなりません。簡易宿所営業の許可に関係する法令上の規制のうち、特に気をつけなければならないのが、建築基準法と消防法の規制であると言われています。

建築基準法の規制で最も重要なのが、用途地域による建築規制です。用途地域とは、土地の利用を規制・誘導するためのルールのことで、都市計画法が12種類の用途地域を定めています。建築基準法ではどの用途地域で建築物を建築できるか、または建築できないかを、建築物に応じて細かく定めています。簡易宿所についても定めがありますので、予定物件がどの用途地域であるかを購入前に必ず確認しなければなりません。

消防法の規制については、①自動火災報知設備の設置（平成30年4月までは用途床面積合計が300㎡以上の場合のみ）、②誘導灯・消化器の設置や防炎カーテン・絨毯などの使用、③携帯電灯・避難経路図（ガイド）の準備などが必要であることが重要です。

■ ゲストハウス（簡易宿所）に関する建築基準法の規制 ………

用途地域	第1種住居地域、第2種住居地域、準住居地域、近隣商業地域、商業地域、準工業地域で建築が可能
用途変更の確認申請	用途床面積が100㎡を超える場合は用途変更の確認申請（建築確認申請）が必要
難燃材料等	用途床面積が200㎡以上の場合は居室・避難経路の内装仕上げを難燃材料等とする
耐火建築物	3階建以上の場合または用途床面積が300㎡以上の場合は耐火建築物とする

書式 地域住民との協定書

協 定 書

　東京都大田区蒲田本町○丁目○番地○番における宿泊事業に関し、蒲田本町町内会（以下「甲」という）と営業者及び管理者である株式会社スター（以下「乙」という）とは、以下の通り協定書を締結する。

第１条（目的）本協定書は、乙が運営を行う本件物件について、周辺住民に対する迷惑行為を防止すると共に近隣住民の健全かつ完全な生活環境の確保が図られるよう、必要な事項について定める。

第２条（営業者の責務）乙が運営を行う本件物件の営業において、周辺住民との間で問題が生じた場合、乙は責任を持って速やかに解決しなければならない。

第３条（営業者の連絡先の明示等）乙は、本件物件の名称、乙の法人名及び代表者の氏名、管理者名、連絡先について、外部から分かる場所に明示するものとする。

２　前項に加えて、乙は、あらかじめ緊急時に連絡が可能な連絡先を甲に通知するものとする。また、変更が生じた場合も同様とする。

第４条（宿泊事業の運営について）乙は、本件物件の管理体制について、次の各号に掲げる事項を遵守することとする。

一　消防法に定められた設備の設置を遵守した上、館内は火気厳禁とし、火災予防措置を徹底する。

二　ゴミの処理は、「廃棄物の処理及び清掃に関する法律」や「東京都廃棄物の処理及び再利用に関する条例」等に基づき、事業ゴミとして、乙が責任を持って行う。

三　宿泊施設は、近隣住居と明確に区別が付くよう適切な措置を講じると共に、予約時などにあらかじめ、所在地、最寄駅、道順、その他目印となるものを案内するものとする。

四　近隣家屋へのプライバシーに配慮し、カーテン、すだれ等の目隠し措置を講じなければならない。

五　登下校時間帯における通学路の通行には、特に安全上の配慮

六　夜間の防犯に備え、適度な照明の常夜灯を設置する。
　　七　本件物件及びその周辺部の環境美化に努める。
　　八　乙は、甲や甲の属する自治連合会が実施する消防訓練、防災訓練には積極的に参加するものとする。
2　乙は、宿泊者がチェックインする時には、必ず本件物件内で宿泊者と面接し、旅館業法及び旅館業法施行規則に定められている名簿の記載等、必要な措置をとらなければならない。

第5条（利用者による迷惑行為の防止）乙は、宿泊者に対し、利用開始前に、次の各号に掲げる迷惑行為がなされないように周知し対策しなければならない。
　　一　本件物件内及び本件物件近辺で大声を出す行為や騒音をたてる行為
　　二　たばこのポイ捨てやゴミの投棄
　　三　前面道路及び周辺道路等への自動車、自転車、バイク等の不法駐停車
　　四　バーベキューや燻煙、有毒ガス、腐敗等による悪臭など、周囲に迷惑となる行為
　　五　周辺に痰やつばを吐く、大小便・嘔吐をする行為
　　六　危険物品の持ち込み、火気類の使用
　　七　風紀を乱し公序良俗に反する行為
2　乙は、前項に掲げる迷惑行為が発生したときは、直ちにその行為をやめさせるよう宿泊者に対し指導すると共に、適切な現状回復措置をし、再発防止策を講じなければならない。
3　前項に掲げる指導が行われない場合、もしくは宿泊者が乙の指導に従わない場合、甲は、直接、宿泊者に苦情を申し入れることができる。
4　乙は、宿泊者が外国人における滞在中のマナー違反（風習が異なることにより発生することが懸念される事柄を含む）についても、全責任を持つものとし、利用開始前又は適宜、口頭や書面、張り紙等で指導徹底するものとする。
5　宿泊者及び乙が本条を遵守しないことにより、甲に属する住民

の健全な日常生活の維持が困難となる状況が生じた場合、乙は退去等しかるべき措置を講じなければならない。

第6条（**本協定の継承について**）本協定の継承について、甲及び乙は、次の各号に掲げる事項を遵守することとする。
　一　本協定は、甲及び乙の継承人においても効力があるものとし、継承時には、その旨を書面にて通知、継承させる。
　二　甲の継承人が本協定に違反し、または、明らかに違反する恐れがある場合、もしくは違反等についての改善の申入れがあった場合は、甲及び乙は誠実に協議をし、解決を図るものとする。
　三　本件物件が、宿泊施設とは異なる用途に変わった場合、本協定書は効力を失う。

第7条（**町内会費等について**）乙は、蒲田本町町内会の規約に従い、町内会費を納めると共に、町内会活動に協力するものとする。
2　甲は、町内会活動等に関する情報を適宜、乙に伝えるものとする。

第8条（**その他**）本協定に定めていない事項又は疑義が発生した場合には、甲及び乙は協議の上、誠意を持って解決に努めるものとし、乙は、甲からの要望を最大限尊重するものとする。

　本協定書締結の証として本書を必要部数作成し、署名又は記名捺印の上、各々各1通を保有するものとする。

平成○○年○月○日

　　　　　甲：蒲田本町町内会
　　　　　　住所　　東京都大田区蒲田本町○丁目○番地○番
　　　　　　　　　　会長　　蒲田　太郎　　㊞

　　　　　乙：営業者及び管理者
　　　　　　　　　　東京都大田区大森南○丁目○番地○
　　　　　　　　　　株式会社　スター
　　　　　　　　　　代表取締役　　星　輝夫　　㊞

宿泊に関するマッチングサイトについて知っておこう

手軽かつ安全に民泊ビジネスを始めることができる

● 宿泊マッチングサイトが流行っている

今、民泊ビジネスのツールとしてブームとなっているのが、宿泊マッチングサイトです。宿泊マッチングサイトとは、宿泊施設を提供したい人と、宿泊先を探している人が、相互の需要を満たす条件でつながることを目的としたサイトのことで、民泊ビジネスを運営する人にとっても、民泊を利用したい人にとっても、非常に便利なサイトとなっています。宿泊マッチングサイトにはいくつかの種類があり、登録方法やルールはそれぞれのサイトによって異なっています。

■ 主な民泊仲介サイト

Airbnb（エアビーアンドビー）	世界192か国、33000都市で80万以上の宿を提供する代表的な民泊仲介サイト。
STAY JAPAN	日本初の民泊総合サイト。自治体の認可を得た民泊のみを扱う。日本の企業が運営しているサイトであること、および宿泊保険が充実しているので安心感がある。
とまりーな	STAY JAPANのうち、農林漁業体験に特化した民泊サイト。地方部の農家民泊を運営したいホストにおすすめのサイト。
HomeAway	アメリカテキサス州に本社を置く民泊仲介サイト。エアビーアンドビーに比べると利用者数は少ないが、エアビーアンドビー同様ホスト側の手数料が3％と割安なのが魅力。
Roomstay	日本の企業が運営する民泊仲介サイト。手数料は3割と高めだが、利用にはソーシャルメディア認証を要求するなど安心・安全な仕組みとなっている。

宿泊マッチングサイトの中でも特に有名なのがAirbnbです。そこで、Airbnbを例にして、マッチングサイトがどのようなしくみになっているのかを確認していきましょう。

● Airbnbとは

Airbnb（エアビーアンドビー）とは、アメリカ（カリフォルニア州サンフランシスコ）に本社を置くベンチャー企業が運営しているサイトです。家主に代わって宿泊客を探してくれる、いうならば民泊サービスを安心・安全かつ具体的に実現するための手段となるサイトです。

Airbnbという名前の由来は、「Air bed and breakfast」からきています。「bed and breakfast」とは、一般的に、イギリス発祥の朝食付き簡易宿泊施設（B＆B）のことをいいます。

Airbnbの発祥は、アパートの空きスペース（居間）にエアーベッドを置いて、小さなB＆Bを作ったことがきっかけであると言われています。インターネット上で宿泊したい人を募集し、それによって得た収益（宿泊料）で、その部屋自体の家賃の支払いをすることができた、という経験が、Airbnbを立ち上げる動機になったようです。

■ Airbnbのしくみ

① リスティングを掲載
② 宿泊リクエストを送信

Airbnb

③ リクエストを承認
④ 手数料（宿泊料金の3％）の支払い

④ 宿泊料・手数料（宿泊料金の6〜12％）の支払い

⑤ 宿泊料の支払い（ゲストがチェックインして24時間後）

空きスペースを他人とシェアすることは、利益を上げる手段になると同時に、様々な人との交流を図る機会にもなります。普段通りの生活をしながら、世界中の人とつながることができるという点が、Airbnbの普及した理由のひとつであるといえるでしょう。

　もっとも、Airbnbが仲介する物件には、家主が居住していないタイプのものもあることから、ホームスティのように海外の人との交流が必ずしも目的となっているわけではありません。個室貸しやシェアルームで家主が居住する場合は、ホームスティと同様、異文化交流を楽しむこともエッセンスのひとつと考えられますが、家主不在型ではあくまでも収益を上げることがメインテーマとなっていることから、Airbnbを利用した民泊はホームスティに比べ、ビジネス色が強いといえます。

● Airbnbは日本国内でも広がりを見せている

　Airbnbは、民泊ブームの火付け役的な存在であるといっても過言ではありません。2008年にサービスが開始されてから、英語圏を中心に急速に利用者が拡大していき、またたく間に世界中の人に利用されるビッグビジネスへと成長を遂げました。2016年12月現在のAirbnbを利用した通算宿泊者総数は、およそ6000万人に上っています。

　Airbnbには、世界190か国、３万4000か所の街の住宅が掲載されています。掲載されている住宅の総数は200万件以上に上ります。この中には、もちろん日本の住宅も含まれています。

　日本国内においてAirbnbに掲載されている住宅の件数は、2017年３月時点で４万6000件を超えています。都道府県別の内訳をみると、東京都が約１万6000件、大阪府が約1万2000件、京都府が約4700件、沖縄県が約1800件、北海道が約1700件となっています。都市部だけでなく、地方の住宅の掲載数も年々増加傾向にあります。

　また、2017年１月時点の日本国内でAirbnbの宿泊施設を提供した

人(ホスト)の人数は約1900名であり、宿泊した人のほとんどは海外からの観光客が占めています(全体の90%以上)。特に、アジア圏からの観光客に利用される割合が、非常に多くなっているようです。

今後、Airbnbを活用した民泊ビジネスが、日本社会において一層浸透していくことが予想されています。

● 利用するにはどうすればよいのか

Airbnbを利用すれば、誰でも手軽に民泊ビジネスを始めることができます。そこで、サイトの利用方法について、簡単に確認していくことにしましょう。

まず基本的な用語として、Airbnbでは、住宅を提供する側を「ホスト」、宿泊する側を「ゲスト」、サイトに掲載されている宿泊施設は「リスティング」といいます。

民泊ビジネスを始めたいと考えたら、まずは民泊に使用する住宅をAirbnbに掲載する必要があります。掲載する際には、特に費用はかかりません。このとき、宿泊に関する様々な条件も一緒に設定してお

■ Airbnb利用の流れ

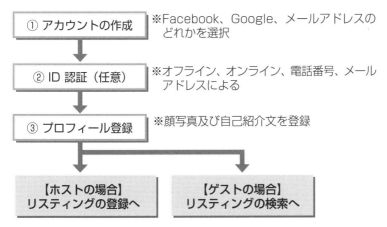

きます。ゲスト側がこれらの情報を確認し、当該リスティングに泊まりたいと思ったら、ホスト側に宿泊のリクエストをします。リクエストを受けたら、今度はホスト側がゲストの情報を確認して、リクエストを受け入れるかどうかを判断します。ホスト側がリクエストを受け入れると、宿泊予約が成立したことになりますので、後は提示した条件に合わせて、当日のやり取りが行われることになります。

　なお、宿泊料の決済は、すべてAirbnbを通して行われます。ゲストは予約が成立した時点で宿泊料をAirbnbに支払い、Airbnbはゲストがチェックインした後にホストへ宿泊料を渡すというシステムになっています。

　また、ゲストとホストは、宿泊料の金額を基準として計算した金額を、Airbnbに手数料として支払う必要があります。具体的には、ゲストは宿泊料金の6〜12％、ホストは宿泊料金の3％を手数料としてAirbnbに支払います。ゲスト側の手数料を高く設定する代わりに、ホスト側の手数料が低く抑えられている、という点がAirbnbの大きな特徴であり、魅力ある多くのリスティングがAirbnbに集まる大きな要因になっています。

● どんなメリットがあるのか

　Airbnbを利用する最大のメリットは、高い信用性が確保できるという点にあります。国や文化の違う、見ず知らずの人同士がやり取りをすることになるため、ホスト側・ゲスト側の双方が共に信頼のおける人物であることが、民泊取引の必須条件となります。

　この点Airbnbは、ホスト・ゲストの双方が、登録時に自分のプロフィールを公表するシステムになっています。名前、顔写真、使用できる言語、電話番号やメールアドレス、趣味や職業など、様々な情報を積極的に公表することで、自分が信用のおける人物であることを他のユーザーに証明するわけです。

また、ID認証制度を利用すれば、さらに信用度を高くすることが可能です。これは、Airbnbにパスポートや運転免許証などの画像データを提出したり、facebookなど個人を特定できるSNS（利用実績があるものに限る）と連携させることによって、自分が信用のおける人物であることを、Airbnbに認証してもらう制度です。ID認証を受けると、プロフィールにID認証済みのマークがつくため、相手に取引に応じてもらいやすくなるのです。

　さらに、Airbnbには、レビューを投稿できるという制度もあります。ゲストがチェックアウトしてから48時間以内であれば、取引内容がどうであったか、感想を書き込むことが可能です。これは、ゲスト側だけでなくホスト側も、取引相手の対応がどうであったか、評価できるしくみになっています。

　レビューに高評価が集まるほど、次回以降、取引相手に信用してもらえるようになり、ホスト側は宿泊リクエストが増え、ゲスト側は宿泊リクエストを受け入れてもらいやすくなるわけです。ゲストとホス

■ **リスティングページの主な記載事項**

住宅の種類	アパート	共同住宅の場合（マンションも含む）
	一軒家	一軒家の場合
	B&B	ゲストハウスなどの場合
部屋のタイプ	まるまる貸切	部屋や建物の全体を貸し出す
	個室	部屋や建物のうちの一室を貸し出す
	シェアルーム	部屋を自分や他人とシェアする
収容人数	部屋に何人まで収容できるかを記載	
所在地	具体的な住所は予約成立時まで非公開	
基本情報	寝室数、ベッド数、バスルーム数など	
タイトル・紹介文	アピールポイントを記載（文字数制限あり）	
ロケーション	地図上で大まかな場所を表示する	

トが、共に相手から高評価を得ようと努力するようになるという効果が期待できますので、サイト全体の民泊の質が向上することにもつながっています。

● 保証制度も充実している

事前に「相手が信用できる人物か」と入念にチェックしたとしても、トラブルが発生する可能性をゼロにはできません。まれに、盗難など、ゲストの故意による犯罪行為が発生する場合もあります。また、「ゲストの不注意で、部屋の設備が壊れてしまった」「部屋のカギなどホストから借りていたものを返却し忘れてしまった」など、様々な問題が生じることもあります。このような場合に備えて、Airbnbには一定の保証制度が設けられています。

具体的には、宿泊予約が成立した時点でゲスト側に一定の金額（保証金）が設定されますので、ゲストは保証金をAirbnbに預けておくことができます。ゲストの宿泊によってホストに何らかの損害が生じた場合には、その保証金を賠償金に充てることができるという制度です。たとえば、ゲストがコップを割ってしまった、などというような軽微な損害が生じた場合には、Airbnbを通して迅速に損害発生に対応してもらうことができるのです。ホストはゲストに直接賠償請求をする必要がありませんので、お互いに不要なトラブルを避け、安心してリスティングを提供・使用することができます。

● ホスト保証とホスト補償保険

この他、「ホスト保証」や「ホスト補償保険」という制度もあります。「ホスト保証」とは、Airbnbを通して成立した全予約に対して無料で付くサービスで、ゲストが保証金を設定していない、あるいは保証金を超える損害が発生した場合に利用できる制度です。ゲストが滞在中にホストの所有物やリスティングの設備を破損し、大きな損害が

発生した場合に、その被害を補償するサービスで、最高で1億円まで対応してもらえます。たとえば、ゲストが賠償金の支払いを拒絶した、ゲストと連絡がつかなくなってしまった、ゲストに支払うだけの資力がなかった、といったトラブルが生じた場合に、Airbnbにその肩代わりをしてもらえます。

　ただし、この制度が適用されるためには、様々な条件があります。たとえば、金銭や宝石類などの貴重品や、ペットや対人の被害、および老朽化・摩損が原因の損傷については、ホスト保証の適用外となっていますので、注意が必要です。また、損害が発生した場合には、そのことを証明する必要がありますので、現場の証拠写真や修理の見積書、修理費の領収証などをAirbnbに提出する必要があります。

　なお、保証される宿泊施設は適用法令をすべて遵守している必要がありますので、無許可の宿泊施設は、保証の対象とはなりません。

　ホスト保証の申請を行う場合は、ゲストのチェックアウトから14日以内、あるいは次のゲストがチェックインする日のいずれか早い日付までに、支払申請フォームから申請を行う必要があります。なお、$300USDを超える損害については警察への被害届を提出する必要があります。

　一方、「ホスト補償保険」とは、ホストが第三者に損害賠償を請求された場合に、その第三者に生じた被害をAirbnbが補償する制度です。たとえば、ゲストがバスルームを破損したことで水漏れが生じ、マンションの下の階に住む第三者の所有物を壊してしまった、などという場合に、最高100万ドル（USD）まで補償を受けることができます。

　ホスト補償保険は、対人・対物事故の双方に対応しています。しかし、ホストによる意図的な脅迫・暴行行為、逸失利益、伝染病、テロ活動、製造物責任、公害、などは対象外となります。

● 宿泊マッチングサイトは今後どうなる

　Airbnbやとまりーなどの宿泊マッチングサイトは、日本国内において急速な広がりをみせています。しかし、これに対し、法律の整備は未だ追いついていません。現状のままでは、使っていない建物や部屋を副業感覚で気軽にマッチングサイトに載せてしまうと、違法行為として摘発されてしまう危険性があるのです。

　たとえば、宿泊マッチングサイトに宿泊施設を掲載した場合、実際には営業目的がなかったとしても、営業行為であると判断され、ペナルティを受ける可能性があります。また、自分の借りているマンションの一室を民泊に利用した場合、その行為は厳密には転貸になりますので、貸主の許可を得ていなければ、賃貸借契約そのものを解除されてしまう可能性もあります。民泊ビジネスを開始するためには、こうした問題点をしっかりと理解した上で、適切な手続きを経る必要があるのです。

　さらに、知らない者同士が一緒に寝泊まりをするという行為には、様々なリスクが生じます。現在の日本では、自分の生活空間の中に多数の外部の人が出入りする、という現象が一般的ではありません。欧米諸国のように、一般家庭においてホームステイなどが頻繁に行われているわけでもありません。そのため、トラブルを回避するための知識や経験が、全体的に不足している点も問題視されています。

　今後は、これらのマッチングサイトが日本の法律や文化・慣習に合わせて、運用ルールを調整していく可能性もありますし、日本政府側が、民泊ビジネスの発展を後押しするような柔軟な新制度を導入していく可能性もあります。いずれにせよ、今後ますます宿泊マッチングサイトが日本社会に浸透していくことは間違いないでしょう。

事業を開始する際のポイントについて知っておこう

初めのうちはムリのない範囲で事業を始める

● 本業との両立は可能か

　Airbnbなどの仲介サイトを利用して民泊ビジネスを始めたいと考えている人の中には、会社員や主婦の方も多いでしょう。民泊を副業として行いたいと考えた場合、「本業等と両立することができるのか」という点が大きな関心事となります。

　結論としては、民泊を副業として行うことも可能です。予約を受け付けるかどうかは、ホスト側が自由に決めることができるため、ある程度コントロールをすることができるからです。

　具体的には、本業が休みのときや、時間に余裕があるときだけ、部屋の予約を受け付ける、という方法を採ることもできます。ただし、民泊では宿泊者が周辺住民に与える影響が多大なものとなり、台帳の記入（カギの受け渡し時の注意喚起や本人確認）をはじめ近隣からのクレームやトラブル対応など実質的には24時間体制で臨む覚悟が必要となります。自らのビジネスのために生じるその施設周辺に長く住み続ける住民の権利侵害についても、しっかり認識しましょう。なお、最近は、民泊専門の代行業者も増えています。手数料はかかりますが、アウトソーシングをうまく取り入れて運営していくのもよい方法です。

● 初期費用はどの程度かかるのか

　初期費用は、現在の物件の状況や、自分の思い描くリスティングのコンセプトなどによって、大きく異なります。たとえば、すでに物件を所有しており、使っていない家具などを利用して民泊を始める場合には、初期費用を抑えて営業を始めることもできます。一方、これま

で住居だった建物を宿泊施設に用途変更する事情から、構造上、大改修しなければならない場合や、大規模な消防設備が必要な場合があることに注意が必要です。宿泊費や稼働率から計算して、本当に採算が取れるかを検討しましょう。

● 法人はホストになれるのか

　Airbnbなどの仲介サイトは、基本的に個人同士のやり取りを前提としています。そのため、法人が直接ID認証を受けてホストとなることは認められていません。そこで、会社が所有する物件をリスティングとして貸し出したい場合には、その会社内で定めた担当者個人がホスト登録をすることになります。

　ただし、登録したリスティングの件数があまりにも多すぎると、Arbnbなどから「業者である」と判断され、アカウントを強制的に削除されます。

● 地方でも民泊は可能か

　地方には、バブル期に建てられたものの、現在はあまり使用されていないマンションが多数存在しています。また、人口の減少・流出で、空き家も年々増加しています。こうした物件をうまく活用すれば、低コストで民泊を運営することができるでしょう。地方では、自然体験や農村・漁村体験など、都市部では味わうことのできない貴重な体験をすることができます。地方ならではの魅力を積極的に発信していけば、地方であっても民泊運営をしていくことは十分可能です。

　ただし、ゲストには、アクセスが不便であるというデメリットについて、よく理解しておいてもらう必要があります。レンタカーやタクシーなどの移動手段の手配方法などの検討が重要です。なお、都市部において空き家を民泊施設にすることは本来的な空き家対策とはいえませんが、地方であれば周辺住民への影響も少なく、空き家対策とす

ることもできるでしょう。

平均何泊くらいする観光客が多いのか

　観光やレジャーを目的として訪日する外国人は、1回の旅行でどのぐらいの期間滞在するのでしょうか。一般的には、アジア圏からの観光客の滞在期間は短く、欧米諸国からの観光客の滞在期間は長いという傾向があるようです。すべての外国人観光客の滞在期間を平均すると、1回につき5～6日ぐらい宿泊するケースが多くなっているようです。ただし、長期間日本に滞在する場合であっても、ずっと同じ宿泊先を利用するとは限りません。東京、大阪、京都、広島など、日本各地を巡る計画を立てて訪日する人も少なくありません。こうした点も踏まえて、宿泊日数の予測を立てるようにしましょう。

ホスト同士の交流の場もある

　Airbnbなどの仲介サイトは、一般の個人が部屋を貸し出すサービスです。知識や経験の浅い一般人がホストになるため、民泊を運営していると、様々な問題に直面し、悩んだり疑問を持ったりすることもよくあります。こうした悩みや疑問を解消するために、Airbnbではホスト同士の交流をサポートするサービスを用意しています。たとえば、あるホストが経験したことを掲示板に書き込んで皆で共有し合ったり、特定のホストに非公開で質問をすることもできます。

　また、ミートアップという、ホスト仲間と直接会うことのできるオフ会も開催されています。こうした交流会を利用しながら、よりよいホストをめざしていくとよいでしょう。

民泊事業の収益化には何が必要なのか

コストと稼働率向上策のバランスが大切になる

◉ 民泊ビジネスのコストについて

　民泊ビジネスを始めたとしても、ただ空いている部屋を貸すというだけでは、利益を上げることはできません。しっかりとした利益を上げたいと考えるのであれば、コスト（経費）をいくらぐらいに抑え、売上目標をいくらぐらいに設定するか、というように、適切な試算をしながら、運営をしていく必要があるでしょう。

　まず、コストは、なるべく抑えるように工夫することが大切です。主な経費としては、家電や家具などの設備費、部屋の清掃費、リネンのクリーニング費、人件費などがあります。インテリアなどに凝れば、多くのゲストから興味を持ってもらえる可能性もあります。しかし、そこに多くの費用をかけすぎてしまうと、その分だけ回収しなければならなくなる初期費用が増えてしまうことになります。「他の宿泊施設と比べて魅力が劣っているのではないか」という不安から、内装に必要以上にこだわってしまう方も少なくないようですが、あくまでもバランスの取れた内装を心がけるようにしましょう。

　たとえば、京都などでは、日本人からみれば価値を感じない古い建具などをうまく取り入れることで、低コストでゲストに高評価な施設を提供し、高い稼働率を実現しています。必ずしも費用をかければ魅力が増すわけではないことに注意しましょう。

　ただし、人命に関わる消防設備や許可取得の際に必須となる衛生設備などは適切に投資する必要はあります。特に「風呂」や「トイレ」については、外国人が日本に期待するサービスの上位にも挙げられますので、しっかりしたものを設置しましょう。

なお、簡単に経費を削減する方法としては、ホスト自らができることは、自分で行うようにする、という方法があります。掃除や設備の点検・修理などに留まらず、他の宿泊施設との差別化を図る目的で、食事の準備や送迎サービスに至るまで、ホスト自身が行っているというケースもあります。しかし、ホスト自らが何から何までやろうとすると、数字に載らない形で時間と労力が費やされることになります。経営者は、計算上の利益だけにとらわれることなく、実質的に生じている利益の感覚を身につけていく必要があるといえるでしょう。

● 宿泊費について

　宿泊費の金額は、予約数や売上高に直接的に影響を与える、非常に重要な項目です。したがって、安易に決定するのではなく、入念なリサーチと計算によって設定するように心がけましょう。

　非常に単純な計算式で考えてみると、売上は「宿泊料×宿泊日数」で決まります。一般的には、宿泊料金が高いほど稼働率が低くなり、宿泊料金が低いほど稼働率は高くなるという傾向にあります。したがって、このバランスをうまく見極めることができれば、民泊ビジネスを成功に導くことができるでしょう。

　ただし、稼働率を上げたいと焦るあまりに、極端に安すぎる宿泊料を設定することは非常に危険な行為です。なぜなら、安さを重視して集まってくるような人々は、目先の利益のみに飛びつく傾向があるからです。後々、やっかいなトラブルを引き起こす危険性が高いため、十分注意が必要です。たとえば、Airbnbを利用した場合の宿泊料の設定について考えてみます。

　Airbnbを利用する場合、宿泊料金には、1泊あたりの基本料金とAirbnbへの手数料に加えて、清掃料金や長期滞在者向けの割引料金、週末料金などの追加料金を含めることができます。清掃料金の相場としては5000円程度が一般的とされており、シェアルームの場合は清掃

料金を設定しないケースもあります。追加料金についても設定するか否かはホストの任意に委ねられています。

　Airbnbでは、宿泊料金をいくらに設定すればよいのかわからないホストのために「スマートプライシング」という宿泊料金を自動的に設定してもらえるシステムが導入されています。スマートプライシングを利用すれば、ホストは設定したい宿泊金額の最低額と最高額、受け入れたい宿泊客の数を設定するだけで、物件周辺エリアのニーズや物件の特徴などのデータをもとに宿泊料金が自動的に決定されます。

● 料金体系について

　その他、ホストは料金体系についても設定する必要があります。料金体系は、大きく分けると、①一部屋一泊いくらというルームチャージ制、②１名一泊いくらというパーソンチャージ制、があります。また、①か②のどちらかを基本料金として、部屋や人などの増減を追加料金で調整するという方法もあります。ホスト側の立場から考えてみると、①の場合、団体客でなければ利用しづらいという印象を持たれてしまうため、１〜２名の旅行客には利用されづらくなってしまう可能性があります。また、②の場合、団体客にとっては魅力を感じられないため、団体客が寄り付かなくなってしまうという可能性があります。様々なゲストに訪れてもらいたいと考える場合には、わかりやすく、かつ、ある程度柔軟性のきく料金体系を設定しておくとよいでしょう。逆に、どのような客層に来てもらいたいのか、ホスト側に明確な方向性がある場合には、その志向に合わせた料金体系を設定するとよいでしょう。

　なお、子ども料金の設定については特に決まりはありませんが、Airbnbなどの仲介サイトを利用する多くのホストは、「12歳以下は大人の半額」という子ども料金を設定しているようです。

● 宿泊費の支払について

　宿泊費の支払いおよび宿泊費の受け取り方法や時期については仲介サイトにより若干の差があります。

　宿泊料金の受け取り方法としては、銀行振込、PayPal（ペイパル）、Payoneer（ペイオニア）の3種類が用意されており、ホストが任意に選ぶことができます。ペイパルとは、インターネット上で利用できる決済サービスのことで、他の受け取り方法よりも入金が早い（送金後1〜3時間程度）反面、引き出し時に手数料がかかります。

　他方、ペイオニアとは、アメリカの法人口座をレンタルするサービスで、口座開設により発行されたデビットカード機能付きのカードを使って、郵便局やセブンイレブンのATMから現金を引き出すことができるので便利です。ただし、カード発行までに数週間程度の時間を要すること、および現金を引き出す際に手数料がかかりますので注意が必要です。

■ 仲介サイト別宿泊料の支払・受取り方法

	Airbnb	STAY JAPAN
宿泊料の支払時期	予約確定時	
支払方法	① クレジットカード、 ② クレジット決済可能なデビットカード ③ PayPalなど	① クレジットカード、 ② VISA、MASTER、AMEXのデビットカード
宿泊料を受取ることができる時期	ゲストがチェックインしてから24時間後	月末締めの翌月末払い
宿泊料の受取り方法	① 銀行振込 ② PayPal（ペイパル） ③ Payoneer（ペイオニア）	銀行振込のみ

民泊事業のターゲットをどこに置くか

欧米系にするかアジア系にするかで運営方法が異なる

● どんな層をターゲットにするのか

　民泊ビジネスを成功させるためには、どのような層のゲストに来てもらいたいのか、あらかじめターゲットを絞る作業が非常に大切になります。ゲストの人数や、宿泊目的、求めている交流の程度、性別、年齢層など、具体的にシミュレーションをするように心がけましょう。

　なお、日本政府観光局（JNTO）によれば、2016年11月時点で訪日外国人旅行者数の年間累計が前年比22.4％増の2198万8000人と、初の2000万人を突破したことになります。国別でみると1位から3位までが中国、韓国、台湾と東アジア勢が占め、次に、香港、アメリカの順となっています。一般的にアジア系の人たちは「個室貸し」や「貸切」を好み、それとは対照的に欧米系の人たちは「シェアルーム」を好む傾向にあります。そのため民泊ビジネスを行う際には、ターゲットを絞り込んで、その対象となるゲストに見合った宿泊施設を整備する必要があります。

　ターゲットを絞る際に特に重要になるのは、欧米系のゲストを対象とするのか、アジア系のゲストを対象とするのか、という点です。一般的に、欧米系の人の体型はアジア系の人の体型よりも大きいため、日本人の標準的なサイズの設備を用意してしまうと、小さすぎたり、狭すぎるという問題が生じてしまうのです。そのため、部屋の設備をそろえる前段階の時点で、どちらをターゲットにするのか、決めておく必要があるといえます。

　欧米系もしくはアジア系のどちらかにターゲットを絞ることができれば、今後どのような点を重視してビジネスを展開していくべきか、

判断がつきやすくなります。たとえば、欧米系の観光客をターゲットにする場合、旅の人数構成としては、カップル、男性の2人旅、女性の1人旅などのパターンが多くなっていますので、こうした需要に合わせた部屋作りをするとよいでしょう。一方、アジア系の観光客の場合は、ファミリーや女性2人組などの構成が多いようです。

このように考えていくと、用意すべき部屋の雰囲気がだんだんとつかめてくるはずです。

また、リスク管理の側面からも、民泊ビジネスにある程度慣れるまでは、できるだけターゲットを絞っておいた方が無難だといえます。ターゲットが絞ってあれば、その分だけ、発生しそうなトラブルをあらかじめ予測しやすくなり、トラブル対策に力を入れやすくなるからです。ターゲットを決める際には、語学力の有無や程度については、それほど気にする必要はありません。最近は、翻訳機器の性能が飛躍的に上がっていますので、パソコンやスマホを利用すれば、必要なコミュニケーションは十分成立させることができます。民泊ビジネスでは、言語によるやり取りが流暢にできることよりも、誠実な対応をすることの方が重要になるのです。

● どんな部屋が求められているのか

対象とするターゲットが定まったら、その特徴に合わせて、どんな部屋にするか、具体的な検討を進めていきましょう。

まず、利用するに際して、寝泊まりすることだけを目的にしてもらうのか、部屋で過ごす時間も重視してもらうのか、という点で、部屋のコンセプトは大きく変わることになります。

寝泊まりすることだけを目的にする場合には、なるべくシンプルで、使い勝手のよさを重視した部屋にするとよいでしょう。この場合、他の場所へのアクセスのしやすさが大きなポイントになりますので、できるだけ空港や駅、繁華街、観光スポットへ移動しやすい立地の部屋

を用意するようにしましょう。特に、空港から直行のバスが出ているエリアはおすすめです。海外からの観光客は大きな荷物を抱えていることが多いため、なるべく移動が負担にならない方が好まれるからです。最近は、海外から地方の空港へ直行する便も増えていますから、地方にもビジネスチャンスは十分にあるといえます。

　逆に、いくら都市部であり、駅から近い部屋であったとしても、空港から何度も電車を乗り換えなければならない場所であったり、道順がわかりにくくて迷いやすいような場所の場合には、なかなか利用されにくいといえるでしょう。

　アクセスのよい場所であるかどうかを確認するためには、訪れるゲストの立場に立って、具体的な移動方法や移動経路を想定してみることがカギとなります。実際に荷物を持って、最寄りの空港から宿泊施設までの移動を経験してみるのもよいでしょう。今まで気がつかなかったような思わぬ問題を発見できるかもしれません。

● 外国人に人気のある観光スポットを把握する

　外国人に人気のある観光スポットと、日本人に人気がある観光スポットは、必ずしも一致しません。日本人の認知度は低いようなス

■ 人種に合わせた民泊運営例

ターゲット		特徴と運営例
人種	欧米系	アメリカ人など ・体格が大きいため、大きめの部屋や設備(ベッドやバスルームなど)を用意する ・シェアルームに対応できるようにしておく
	アジア系	中国人、韓国人、台湾人など ・個室を用意する ・貸切にも対応できるようにしておく ・家族連れに喜ばれる設備(簡単な調理器具など)を準備する

ポットに、大量の外国人観光客が連日押し寄せている、というケースも珍しくありません。そのような、日本人にあまり知られていない穴場のスポットを探し出して、その近くで民泊を始めるというのも、成功しやすい方法のひとつです。たとえば、侍や忍者、刀に関する博物館などは、あまり日本人には存在を知られていませんが、外国人観光客には大変人気のあるスポットです。

　また、ビルの一室で動物と触れ合うことのできる、猫カフェやウサギカフェ、フクロウカフェ、ハリネズミカフェなどのサービスは、海外の観光客にとっても大変珍しいもののようで、人気の集まるスポットになっています。その他、「野生動物と触れ合うことのできる」という口コミがSNSを通して広がることで、一見何の特徴もないような地方の山や島などに、外国人観光客が殺到するようになったというケースもいくつか存在しています。

　このように、外国人の集まる場所をリサーチすると、どこに宿泊施設を設けるべきか、狙いを定めやすくなるでしょう。

●アクセスが悪い場合は付加価値を付ける

　アクセスが悪い場所で民泊ビジネスを始める場合は、付加価値を付けることが成功のための条件になります。滞在中の時間を楽しんでもらうというコンセプトを前面に押し出し、ゲスト側にそのことを十分理解してもらうことが不可欠になるでしょう。

　たとえば、長屋や町家、農村部の古民家などを活用し、昔の生活を体験できるような民泊施設にした場合には、たとえアクセスが悪い立地でも、十分な集客を見込むことが可能でしょう。

　建物の設備や部屋の雰囲気作りだけでなく、サービスなどにも独自の工夫を凝らして、ゲストに「ぜひ行ってみたい！」と思わせる魅力を持たせる必要があります。

● 備え付ける設備について

　どんな家電や家具をそろえるべきかは、ターゲットとしている客層や部屋のコンセプトによって変化します。ただし、ベットなどの寝具やテーブル、照明器具、スーツケースを広げられる空間などは、最低限確保しておく必要があります。また、清潔なシーツ類やタオル（フェイスタオルとバスタオル）、シャンプーやボディソープ、トイレットペーパーなどのアメニティも準備する必要があります。その他、部屋でも簡単な食事ができるよう、お皿やカップ、スプーンやフォークなどは人数分そろえておく方がよいでしょう。

　また、小さな子どもが一緒であるファミリーをターゲットにする場合には、電子レンジやトースター、炊飯器、冷蔵庫などの調理用家電をそろえておくとよいでしょう。子連れであると、自由に外食に出かけることが難しい場合もあるからです。なお、インターネットを自由に利用できる環境が整っていると、外国からの観光客には大変喜ばれますので、Wi-Fi設備、中でも持ち運びが可能なポケットWi-Fiを用意しておくとよいでしょう。

　ただ、いくら部屋によい家具や家電がそろっていても、使い方がわからなければ意味がありません。そこで、設備を利用するための簡単なマニュアルを各部屋に備えておくようにするとよいでしょう。

　最後に、近隣トラブルを事前に回避するため、ゲストに守ってほしい事項や立ち入り禁止エリアなどをまとめたハウスルールを作成することも忘れないようにしましょう。

● インテリアについて

　部屋のインテリアは、部屋のコンセプトに合わせてコーディネートする必要があります。高級感のある部屋を演出する場合には、それなりの物をそろえていく必要がありますので、初期の段階でかかる費用も高額になります。また、メンテナンスにかかる費用も高額になるこ

とを覚悟しておかなければなりません。実際に営業している民泊の中には、東京のベイエリアなどの一等地の高級マンションの一室に、高級なシャンデリアやソファー、絨毯などをそろえ、セレブなひとときを味わうことのできる空間を提供しているという例もあります。特に置くものの品質にこだわりがなく、標準的なものがそろえられればよいという場合には、リサイクルショップやオークションサイトなどを活用するという方法もあります。最近では、リーズナブルでありながらもおしゃれな家具を取り扱う量販店が増えていますので、そういったお店で家具一式をそろえ、部屋全体に統一感を出すというのもよいでしょう。

● レンタル家具を利用する方法もある

前述したような方法を駆使したとしても、インテリアを一式そろえるためにはそれなりの費用がかかります。まずはお試しで短期間、民泊にチャレンジしてみたい、と考えているような人にとっては、初期費用の負担が大きすぎると感じてしまうでしょう。そこで、最初のうちは、レンタル家電・レンタル家具を利用するという方法もあります。

最近は民泊専用の家電・家具レンタル会社も登場しています。月々数千円程度から、必要に応じて家具・家電を借りることができますので、大変便利なシステムだといえるでしょう。

ホストの代わりに、部屋全体のインテリアコーディネートを引き受けてくれるというサービスもありますので、自分のセンスに自信がないという人にもおすすめです。

● クリーニングについて

民泊を運営していくためには、衛生面の維持・管理も非常に重要な要素になります。衛生面を保つためのクリーニングは、大きく分類すると、清掃（ハウスクリーニング）と洗濯（リネンクリーニング）に

分けることができます。

　ハウスクリーニングについては、まずは床や家具の汚れ、水回りの汚れなど、よく目につく部分に注意する必要があります。ホストからすれば、「民泊なのであるから、ホテルのように行き届いていなくても許されるであろう」と甘く考えてしまいがちです。しかし、ゲストからすれば、衛生面の管理の行き届いていない場所に寝泊まりすることは、苦痛以外の何物でもありません。少しの気のゆるみが、大きなクレームにつながる可能性がありますので、初めて訪れるゲストの気持ちになって、隅々まで部屋を点検するようにしましょう。

　たとえば、鏡の汚れなどは、よく見落としがちな部分ですので、磨き忘れのないように、注意するようにしましょう。また、エアコンからカビの臭いがしていないか、排水口から嫌な臭いがしていないかなど、目には見えない部分にも気を払う必要があります。

　シーツや布団カバー、タオルなどのリネン類のクリーニングは、家庭用の洗剤と洗濯機で洗って干すだけであると、清潔感を感じてもらえない場合もあります。ゲストに快適さを感じてもらうためには、できればアイロンがけなどまで行ってあるとよいでしょう。

　大きなシーツやバスタオルなどは、乾くまでに時間がかかりますので、次のゲストの到着までに準備が整わず、焦ってしまうこともあるでしょう。そこで、もし近くにコインランドリーがある場合には、大型の乾燥機が設置されているかどうか、あらかじめ確認しておくとよいでしょう。また、経費はかかりますが、ゲストの快適さや効率の良さを優先させるため、クリーニングの全部または一部を業者に依頼するという方法もあります。ただし、業者に頼んだからといって、衛生面の管理を業者に任せきりにしてはいけません。必ず定期的に自分の目でチェックし、問題がないか厳しく監督するようにしましょう。

第4章
物件の取得や管理に関わる法律と税金

物件購入時に関する法律問題について知っておこう

契約の中身をしっかり理解する

● どんなことに気をつければよいのか

　ワンルームマンションや建売アパート、あるいは中古のアパートやマンション、さらにはアパート建設用の土地など、不動産の購入を考えている場合は、気をつけなければいけない点がいくつかあります。

　まず、契約締結段階において、トラブル防止のために最も大切なことは、契約書の内容の把握です。後で業者に都合の良いように解釈をされてからでは手遅れになってしまうことが多いからです。

① 重要事項説明書のチェック

　不動産購入の際には、契約前に業者（宅建業者）から提供される重要事項説明書の確認を怠らないようにします。この説明書に記載された事項の確認を意識することで、不動産の問題点が浮き彫りになることもあります。重要事項説明書の交付・説明は業者に義務付けられていますから、これを渋る業者は要注意と思ってよいでしょう。

② 開発許可の有無をチェックする

　たとえば、宅地造成の場合には、その区域の開発許可を当該自治体から受けていなければなりません。

③ 建築確認の有無をチェックする

　建物の建築にあたっては、建築主事の建築確認を受けなければなりません。後になってトラブルに巻き込まれないためにも、建築確認を受けているかどうかを確認しておくようにします。

④ 建築法規に違反していないかどうかをチェックする

　購入予定の建物が、建ぺい率、容積率、斜線規制などの建築法規に違反していないかどうかも確認します。将来増改築をしたいと考えて

いるとしても、建物が建ぺい率などの規制ぎりぎりに建てられているような場合は、これが不可能となります。

⑤ 建築中の物件をチェックする

ワンルームマンション、建売アパートなどは、いつも契約時点で完成したものが販売されるとは限りません。現在建築中の物件を販売している場合もありますから、完成後になって、契約時点で想定されていたものとは違うといったトラブルが出てくる可能性もあります。

⑥ 道路への通行に問題がないかチェックする

購入予定の物件の周囲が入り組んだ地形の場合、公道への通行に問題がないかを確認します。土地の状況によっては袋地（公道に通じていない土地）所有者の通行権、通行地役権などの問題が生じます。

⑦ 境界線や塀の設置の問題

物件を購入する場合、隣地との境界を明確にしなければなりません。場合によっては塀を設置することになります。工事のための隣地使用といった問題が生じることもあります。

● 手付について

不動産の売買に際しては、手付金の受け渡しが行われるのが通常です。手付とは、不動産売買の契約が成立した証として、買主側が売主側に対して一定額を支払うことをいいます。

不動産売買は契約金額が大きいため、契約当事者の一方が簡単に解約をしないように、手付金を支払うのです。具体的には、手付金を支払った買主が、売主が履行に着手する前に売買契約を解約する場合には、その手付金を放棄します。一方、手付金を受領した売主が、買主が履行に着手する前に売買契約を解約する場合には、買主が交付した手付金の2倍に相当する金額を買主側に支払うことになります。

このように、不動産売買の契約成立時に買主が支払う手付には、解約時の取り決めという意味合いがあることから、解約手付とも言われ

ています。なお、不動産売買の売主が宅建業者の場合には、受領できる手付金の金額の上限は売買代金の20％以内と規制されています。

● 損害賠償額の予定

　自分の土地にアパートを建てる場合は、請負契約を結ぶことになります。しかし、何らかの事情で契約を途中で解約したくなった場合には、解約自体はできますが、建築業者の被った損害の賠償をしなければなりません。損害賠償は、あらかじめ規定しておかなくても相手方に請求できますが、契約時点で支払うべき損害賠償の額を予定しておけば、計算や立証の時間を短縮することができます。そこで、損害の発生や損害額の証明の手続を省略するため、当事者は債務不履行について損害賠償の額を予定することができます。このように、最初から損害賠償の額を定めておくことを賠償額の予定といいます。

　なお、賠償額の予定をすると、実際の損害額が予定額未満でも、建築業者から予定した金額を請求されることになります。なお、宅地建物取引業法、消費者契約法などの法律では、賠償額の予定について、消費者保護のために金額の上限を設ける規定が置かれています。

● 瑕疵担保責任（契約不適合責任）

　契約後しばらく経ってから、購入した物件に欠陥が発見されることがよくあります。通常の売買契約であれば、民法の規定に基づき欠陥の発見後1年以内（または売買契約から10年以内）は、売主が瑕疵担保責任（改正法施行後は契約不適合責任）を負います（570条）。しかし、最長で10年間も責任追及を受けるというのは、売主にとってあまりに酷であるとして、売主が瑕疵担保責任を負う期間に上限を設ける特約を設けることが認められています。物件が中古であって個人間の売買の場合は、売主の瑕疵担保責任を免除する特約を設けることもできます。ただし、売主が不動産業者（宅建業者）の場合は、瑕疵担保

責任を免責する旨の特約は無効であって（この場合は民法の規定に従います）、最低でも売買契約から2年間は瑕疵担保責任を負うとの特約のみが有効となります。

さらに、中古物件の場合に留意しなければならないのは、建てた時は建築基準法に適合していたが、現在の法律では違反となる建物、つまり「既存不適格」の物件です。これについても、現行法（現在の建築基準法）への違反という瑕疵があるため、瑕疵担保責任の対象になり、増改築や建替えの際には現行法に適合させなければならないという問題が生じるので、購入は避けるべきです。

また、新築住宅の場合には、その住宅の主要構造部分に瑕疵があるときに、住宅品確法（住宅の品質確保の促進等に関する法律）によって、売主（注文住宅の場合は請負人）が不動産業者でも個人でも、10年間の瑕疵担保責任を負うことが義務付けられています。

なお、2017年の民法改正により、瑕疵担保責任の制度が廃止されると共に、新たに「契約不適合責任」の制度が導入されることになりました。契約不適合責任とは、「引き渡された目的物が種類、品質又は数量に関して契約の内容に適合しない」（562条1項）ときに、売主や請負人などが負う責任であると規定されています。契約不適合責任の特徴は、瑕疵担保責任では認められない代金減額請求が可能になったことや、責任追及期間が契約不適合を知った時から5年（または契約から10年）になったことなどが挙げられます（194ページ）。

● 登記記録など権利関係の確認

物件購入の際は「買ったはいいが使えない」ことがないように、物件の権利関係に問題がないのを確認する必要があります。そのための資料となるのが登記です。登記とは、不動産に関する権利関係や会社の重要事項などについて、登記所（法務局）という国の機関に備えられている登記簿に登載して公示することをいいます。登記に記載され

ている内容を登記記録といいます。登記記録は、登記簿に記録され、登記簿は、原則として磁気ディスクによって調製されます。登記の内容を調べる場合、法務局で申請を行い、登記記録に記録されている事項が記載される登記事項証明書や登記事項要約書を取得します。

登記記録は、土地の場合も建物の場合も、表題部と権利部から構成され、権利部は甲区と乙区に分かれます。所有権以外の権利（抵当権や地上権など）を不動産に設定していなければ、権利部のうち乙区の記録はありません。また、マンションなどの区分建物の場合は、一棟の建物全体がどこにあり、どんな構造になっているのかを示す建物全体の表題部があり、それに続いて専有部分についての表題部、権利部があります。つまり、区分所有建物の場合は、表題部が2つあるということになります。

● 賃借人の存在と抵当権などの抹消の確認

不動産に抵当権などの担保が設定されている場合がありますが、売買に先立ちこれらの担保を抹消できるのかを確認する必要があります。また、賃借人が住んでいる状態のままアパートやマンションを購入する場合は、その賃借人から預かっている敷金を引き継ぐことになりますので、その分の金額は売買代金から差し引くのを忘れないようにします。一方、賃借人に立ち退いてもらった上で引渡しを受けるとした場合は、確実に立退きが実行されるかを確認する必要があります。

● 仮登記の記載の有無を確認する

購入予定の物件に、第三者による仮登記が行われていることがあります。わかりやすくいうと、その第三者から購入の予約がされていることを意味します。売主に仮登記の抹消を求めることも考えられますが、通常、抹消の交渉は難航することが予想されますので、仮登記付物件には手を出さない方が賢明といえます。

> **Q** 不動産投資目的で購入した物件に隠れた欠陥があった場合の責任を追及するにあたり、どのような形で民法の改正が影響するのでしょうか。

　　たとえばマンション経営を行い、収益を上げようと考えた業者が、中古のマンションを購入したという場合を想定してみましょう。購入したマンションの構造部分に、一見しただけでは発見できない欠陥があった場合、買主である業者は売主に対していかなる責任を追及することができるのでしょうか。

　改正前の民法は、売主の担保責任として、不動産などの売買契約の目的物に隠れた瑕疵（欠陥）がある場合の瑕疵担保責任をはじめとして売主の責任（改正前561条～570条）を認めていました。

　しかし、2017年の民法改正により、瑕疵担保責任などの売主の担保責任に関係する規定が廃止されました。その代わりに「契約不適合責任」という制度を新たに導入して、目的物が種類・品質・数量・権利に関して契約の内容に適合しない場合（契約不適合）における買主の請求権を定める形で、売主の責任に関する制度を整えました。

　民法改正の施行後は、目的物が通常有する性能・品質を欠いているか否か（瑕疵があるか否か）よりも、むしろ目的物が契約で合意に至った性能・品質を満たしているか否かに重点が置かれると考えられます。たとえば、購入する中古マンションはどの程度の性能を有するのかなどを契約段階で明確に取り決めることが重要になります。

　改正後の民法では、契約不適合の給付を受けた買主に対して、以下の救済手段を用意しました。ただし、契約不適合について落ち度（帰責事由）がある買主は、追完請求権、代金減額請求権、契約解除権を行使できないという制約があります。

① **追完請求権（562条）**

　買主は、目的物が契約不適合である場合、売主に対して、ⓐ目的物

の修補、ⓑ代替物の引渡し、ⓒ不足分に関する追加の引渡し、を請求することができます。これらをまとめて追完請求権といいます。

② 代金減額請求権（563条）

買主は、ⓐ相当期間を定めて追完を催告したのに売主が追完しない場合、ⓑ履行の追完が不可能な場合、ⓒ売主が履行の追完を明確に拒絶した場合などに、売主に対して、売買代金の減額請求ができます。

③ 損害賠償請求権・契約解除権（564条）

目的物の契約不適合が債務不履行にあたることから、買主は、売主に損害賠償請求をしたり、売買契約を解除することもできます。契約不適合について買主に落ち度があっても、買主は損害賠償請求権の行使は可能とされています（過失相殺で賠償額は減額されます）。

なお、改正前の民法では、請負契約の完成目的物がマンションなどの建物（土地工作物）である場合、注文者は、請負人が建築した建物に瑕疵があっても、請負契約の解除ができませんでした。しかし、2017年の民法改正により、建物の契約不適合を理由として、注文者が請負契約を解除することが可能になりました。

また、改正前の民法では、買主が売主の担保責任として行使することができる権利は、原則として事実を知った時から1年以内（または売買契約時から10年以内）に行使しなければなりませんでした。

しかし、2017年の民法改正により、契約の種類・品質が契約の内容に適合しないことを理由に、前述した①～③の各請求権を行使する場合は、買主が不適合を知った時から1年以内に、その旨を売主に通知することを要求しました（566条）。そして、この通知を期間内に行った場合に限り、買主が各請求権を債権の消滅時効期間（権利を行使できるのを知った時から5年または権利を行使できる時から10年）に行使できるとしました。そのため、民法改正の施行後は、購入した建物に欠陥を発見した買主としては、売主に内容証明郵便などで直ちに通知し、各請求権を保存することが重要になります。

区分所有に関する法律には何があるのか

区分所有法やマンション建替え円滑化法といった法律がある

● 区分所有という法律関係

　ワンルームマンションへの投資を行う場合、投資した者が各部屋を区分所有することになります。区分所有の関係について、ルールを定めているのが区分所有法です。

　区分所有とは、マンションの一部の所有権を有していることをいいます。マンションの分譲を受けた人は、マンションを区分所有していることになります。そして、マンションを区分所有している人のことを区分所有者といいます。

　マンションには、「専有部分」と「共用部分」があります。専有部分とは、マンションの中の各部屋に該当する場所のことを指し、原則としてその部屋に住んでいる人（区分所有者）が自由に用いることができます。これに対して共用部分とは、エレベーターや階段などマンションの住民全員が用いる場所のことをいいます。共用部分については、マンションの住民全員で管理を行うことになります。

● 区分所有法による調整

　マンションなどの「構造上区分された数個の部分で独立して住居、店舗、事務所又は倉庫その他建物としての用途に供することができる」（区分所有法1条）建物を区分所有建物といいます。そして、区分されたそれぞれの一戸（各部屋）を専有部分といい、それ以外の住民全員が用いる場所、たとえば、エレベーターや階段、廊下などを共用部分といいます。

　マンションでは1つの建物に複数の世帯が住んでいるわけですから、

第4章　物件の取得や管理に関わる法律と税金

そこには様々な利害の対立、意見の相違が出てきます。これを調整、規律するために、建物の区分所有等に関する法律（区分所有法）で共用部分の共有関係、敷地利用権、規約、集会といった事項について規定しています。もっとも、区分所有者の関係をすべて法律で調整することは不可能です。実際のマンション管理の上では、個々のマンションで独自に敷地や付属設備などの管理方法を定めた管理規約が重要な役割を果たすことになります。

● 管理費の負担について

月々の管理費の負担は、マンションに長い間住む区分所有者にとっては大きな問題です。そこで、管理費の負担は、通常、分譲時の契約や規約で決まっています。たとえば、分譲マンションの分譲契約の時には、ほとんどの契約書にすでに「○○号室の管理費は○○円とする」などと記載されています。

もし、管理費の負担についてあらかじめ決まりがなかった場合は、法律に従うことになります。区分所有法では、管理費の負担の割合は原則として各区分所有者が持っている専有部分の床面積の割合によって決まるとしています。部屋が広い住民ほど多くの管理費を払わなければならないわけです。

● 区分所有者共同の利益に反する行為に対する措置

マンションのような集合住宅の場合、通常各人の居住スペースが近接していることもあり、1人の入居者の迷惑行為が他の区分所有者にも悪影響を与えます。そのため、区分所有法は、区分所有者の1人が共同の利益に反する行為を行った場合に一定の措置をとることができることを認めています。

まず、ある区分所有者が、共同の利益に反する行為をしたような場合には、他の区分所有者は、その行為の停止等の措置をとることを、

その区分所有者に請求できます（行為の停止等の請求）。共同生活上の障害が著しく、行為の停止等の請求では効果が期待できない場合には、裁判を起こして、迷惑行為をする区分所有者に対して専有部分の一定期間の使用禁止を請求できます。ただし、裁判の提起には集会の特別決議（区分所有者数の4分の3以上かつ議決権の4分の3以上の賛成）が必要です。

また、区分所有者の同居人や賃借人が共同の利益に反する行為を行うケースについても、区分所有者への請求と同様に、行為の停止等の請求が認められています。生活上の障害が大きく、行為の停止等の請求では効果が期待できない場合は、裁判を起こして、占有者に対して契約の解除と専有部分の引渡しを請求することができます。ただし、裁判の提起には集会の特別決議が必要です。

● 復旧、建替えとは

復旧とは、災害や事故によってマンションの一部が滅失してしまった場合に、滅失した部分を元の状態に戻すことです。滅失した部分の価格がマンション全体の2分の1以下の場合は、総会の普通決議（区分所有者と議決権の各過半数による決議）によって復旧を行うことができます。これに対して、滅失部分が2分の1を超える場合は、総会の特別決議（区分所有者と議決権の各4分の3以上の多数による決議）が必要です。

建替えとは、修繕では改善できない場合にマンションを取り壊して新しい建物を建築することです。建替えを行うためには、総会で区分所有者と議決権の各5分の4以上の賛成が必要です。

● 修繕積立金について

修繕積立金は、マンションの修繕のために積み立てておくお金のことです。分譲マンションは、外壁など共用部分を含めて区分所有者の

所有物となりますから、年数経過による劣化や破損の修繕は、当然、区分所有者自身が行わなければなりません。

　しかし、マンションの修繕となると区分所有者全員で費用を分担するといっても、各々の負担はかなり高額になります。管理組合が修繕するたびに一度に請求しても、支払えない人が出てくるかもしれません。そこで通常は、予測される劣化に対する修繕費用を月々積み立てていく方法をとっています。月々の積立金の額を決定する際には、管理組合の総会の普通決議（前ページ）によって承認を得ることになっています。マンションの構造や備えられた設備の耐久性、補修が必要となる経過年数、予想される修繕費用などを事前に調査し、根拠ある金額を総会に提示し、決定されますが、当初予定していた修繕積立金では足りなくなるということは、よくあることです。あまり安く見積もられている場合には、毎月集める修繕積立金が値上げされたり、あるいは実際に修繕する際に追加金を徴収される可能性がありますので注意が必要です。

　マンションを維持管理するために必要なのが管理費と修繕費です。マンションの購入では、これらの必要経費が多いと購入をためらう顧客がいるため、必要経費を抑える場合、修繕費を低くする傾向があります。修繕費が少ないと、将来修繕を行う時に修繕費が不足するため、修繕費を増額しなければならなくなったり、修繕時に追加料金の負担が区分所有者全員に発生したり、最悪、修繕できない可能性があります。これから購入を考えるのであれば、建物維持のために積立金がいくら必要なのかを検討し、適正な修繕費の積立を行っていなければ、修繕費不足のリスクを回避するために、投資を考え直した方がよいのかもしれません。

3 譲渡時の税金について知っておこう

譲渡所得は売却収入から取得費と譲渡費用を差し引いた額である

● 不動産を売却したときの税金と譲渡所得の計算方法

アパートやマンションを売却して利益を得ると、その利益に対して所得税がかかります。個人が土地や建物を売却したときの所得を「譲渡所得」といいます。土地や建物の譲渡所得には申告分離課税という方式が適用され、他の所得とは合計せずに単独で税金を計算するしくみになっています。譲渡所得の計算は、売却収入から「取得費」と「譲渡費用」を差し引くことにより行います。取得費とはその土地・建物を購入した代価や付随費用など、譲渡費用とはその土地・建物を売るのに必要とした仲介手数料その他の諸費用のことです。

● 土地譲渡時の1000万円特別控除とは

土地や建物を売った場合に、所得税上の優遇措置として「特別控除」を受けられることがあります。たとえば、特定土地等の長期譲渡

■ 譲渡所得の計算方法

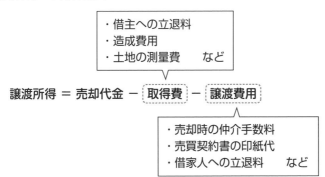

所得の特別控除という制度があります。この制度は、平成21年と平成22年に購入した土地を、5年を超えて所有した後に売却した場合、所得税の計算上、譲渡所得から1000万円を控除できる特例です。控除された分だけ所得が小さくなり、それに対応する税金も安くなるというわけです。

　特例を受けるための要件は以下の5点です。
① 　平成21年1月1日から平成22年12月31日までの間にその土地を購入したこと
② 　売却時期が、平成21年購入分については平成27年以降、平成22年購入分については平成28年以降であること
③ 　親子や夫婦、生計を一にしている親族、特殊な関係のある法人など特別な間柄の人から購入した土地ではないこと
④ 　その土地が、相続、遺贈、贈与、交換、代物弁済、所有権移転外リース取引によって取得した土地ではないこと
⑤ 　売却した土地につき他の特別控除や譲渡所得の特例などを受けないこと

● **取得費とは**

　土地や家屋の取得費とは、その土地・家屋の購入代金や建築代金、購入手数料などの合計です。
　取得費には、以下のようなものが含まれます。
① 　借主に支払った立退料
② 　埋立や土盛り、地ならしなどの造成費用
③ 　土地の測量費
④ 　土地・建物を自分のものにするためにかかった訴訟費用
⑤ 　土地の利用が目的で取得した建物の購入代金や取壊し費用
⑥ 　土地・建物を購入するために借りた資金の利子（土地・建物を使用し始めるまでの期間の利子に限られる）

⑦　土地・建物の購入契約を解除して、他の土地・建物を購入し直したときに発生した違約金

　また、建物の場合は、年月が経つと次第に財産の価値が減るので、取得費もその分だけ減らすように定められています。これを「減価償却」といいます。なお、購入時の代金等の取得費がわからない場合は、取得費を売却価額の5％相当額とすることができます。

　相続や贈与によって取得した土地・建物の場合、被相続人や贈与者がその土地・建物を購入した際の取得費が適用されます。なお、相続した土地・建物を一定期間内に売却した場合は、相続税額の一部を取得費に追加する特例もあります。

● 譲渡費用とは

　譲渡費用とは、土地・建物を売却するために直接かかった費用です。以下のようなものが当てはまります。

①　売却時の仲介手数料
②　売却のために測量した場合の土地の測量費
③　売買契約書等の印紙代
④　売却のために借家人に支払った立退料
⑤　土地を売却するためにそこに建てられていた建物を取り壊した場合の、その建物の取壊し費用と取得費（減価償却後）
⑥　すでに締結していた土地・建物の売却契約を解除して、より良い条件で売却することにした場合に発生した違約金
⑦　借地権を売却する場合に地主の許可をもらうために支払った費用

　なお、修繕費や固定資産税など、土地・建物の維持・管理のためにかかった費用は「売却するために直接かかった費用」ではないため、譲渡費用には含まれません。同様に、売却代金の取立てのための費用なども譲渡費用には含まれません。

● 税率はどうなるのか

　土地・建物の譲渡所得に適用される税率は、その不動産の所有期間の長短によって異なります。所有期間が5年以下の場合を短期譲渡、所有期間が5年を超える場合を長期譲渡と呼び、短期譲渡では税金が高率になっています。正確には、売却した年の1月1日時点の所有期間が5年以下の場合が短期譲渡、譲渡した年の1月1日時点の所有期間が5年を超えていた場合が長期譲渡に該当します。

　短期譲渡の場合の税率は、国税である所得税が30％、地方税である住民税が9％の合計39％です。長期譲渡の場合の税率は、所得税が15％、住民税が5％の合計20％です。

　なお、平成25年から平成49年までの所得には、従来の所得税に2.1％を掛けて計算される復興特別所得税がかかります。

● 取得日や譲渡日がいつかを確かめる

　短期譲渡と長期譲渡では、適用される税率や特例が異なるため、土地・建物の取得日と譲渡日を明確にしておくことが大切です。

　まず、取得日については、購入など他者から取得した場合は、原則として「引渡日」となりますが、譲渡契約などの「効力発生日」とすることもできます。ただし、新築の建物を購入する場合や建築を依頼した場合は、「引渡日」が取得日になります。なお、相続や贈与によって取得した土地・建物の場合は、被相続人や贈与者がその土地・建物を購入した日を取得日と考えます。

　次に、譲渡日については、取得日と同様、原則として「引渡日」となりますが、譲渡契約などの「効力発生日」とすることもできます。物件を売却する際には、長期譲渡所得になる方が税務上有利になります。そのため、不動産を取得・売却する際には取得日、譲渡日を明確にしておくと共に、売却のタイミングに十分注意することが必要です。

事業用資産の買換え特例について知っておこう

事業を営む個人が事業用資産の買換えを行った場合が対象となる

● 事業用資産とは

　事業のために使われる土地や建物などのことを事業用資産といいます。アパートやマンションの賃貸業を営むための不動産も、この事業用資産に該当します。ただし、ある程度の規模があること、事業に用いられていることが事業用資産と認められるための条件です。不動産の貸付などで、事業と言えるような規模ではないが、代金を受け取って継続的に行われているようなものについては、この事業に準ずるものに含まれます。

　なお、この特例の適用を受けるために一時的に使用した資産、たまたま運動場や駐車場として利用していた空き地などは、事業用資産として認められません。

● 事業用資産の買換え特例とはどんな特例か

　事業用資産の買換え特例とは、譲渡益に対する課税を将来に繰り延べる制度です。事業を営む個人が事業用資産の買換えを行った場合が対象となります。具体的には、譲渡資産の譲渡価額と買換え資産の取得価額との関係に応じて以下のように譲渡所得を計算します。
① 「譲渡資産の譲渡価額 ≦ 買換え資産の取得価額」の場合
　譲渡所得＝譲渡資産の譲渡価額×0.2－取得費等×0.2
② 「譲渡資産の譲渡価額 ＞ 買換え資産の取得価額」の場合
　譲渡所得＝譲渡資産の譲渡価額（A）－買換え資産の取得価額（B）
　　　　　$\times\ 0.8\ -\ 取得費等\ \times\ \dfrac{A - B \times 0.8}{A}$

事業用資産の買換え特例の適用を受けるためには、次ページ図の要件をすべて満たしている必要があります。図中における②の「一定の組み合わせ」の代表的な例としては、東京23区内など既成市街地等の区域内にある一定の建物や土地等から区域外にある一定の資産へ買い換える場合などがあります。③の「取得した土地等の面積が原則として売却した土地等の面積の5倍以内」に該当しない場合、5倍を超える部分については特例は適用されません。また、⑤の要件である「新しい資産購入後、1年以内に使用を開始」した場合であっても、購入後1年以内に事業に使用しなくなった場合は特例を受けられないことに注意が必要です。

● 立体買換えの特例（等価交換）とは

　所有している土地を提供し、その土地に建築されたマンションなど建物の一部の提供を受けることを立体買換えといいます。土地とその土地の価値に相当する建物の一部を交換することから等価交換とも呼ばれます。土地の代わりに提供されるものには、持分に相当する敷地利用権も含まれます。等価交換では土地と建物の一部を交換するだけなので、お金のやりとりは行われません。そのため、新たな資金を用

■ 事業用資産の買換え特例の適用を受けるための要件 …………

① 売却する資産、買い換える資産が共に事業用であること
② 売却する資産、買い換える資産が一定の組み合わせに当てはまるものであること
③ 買換え資産が土地等である場合には、取得した土地等の面積が原則として売却した土地等の面積の5倍以内であること
④ 資産を売却した年の前年・その年・翌年のいずれかに新しい資産を購入すること
⑤ 新しい資産を購入後、1年以内に使用を開始すること
⑥ 土地等の売却の場合、売却した年の1月1日において所有期間が5年を超えていること

意することなく土地を有効活用することができます。

また、土地は何も建っていない状態で所有していると相続税評価額が高くなります。時価が同じであれば、土地よりも建物の方が相続税評価額は低く計算され、相続税対策になります。土地との交換で提供された建物の一部は自由に使うことができます。自分で住む以外にも、事業所として利用する、賃貸物件として他人に貸し出すなど様々な使い方ができます。売買ではなく交換であることから譲渡所得は発生しませんが、例外的に一部を現金で精算した場合、その部分だけは課税の対象となります。交換により取得した資産を譲渡する際の取得費としては、交換前の土地の取得にかかった費用が引き継がれるので注意が必要です。

立体買換えの特例には複数の種類がありますが、利用しやすいものとしては「既成市街地にある土地の中高層耐火共同住宅建設のための買換え特例」が挙げられます。

● 固定資産の交換の特例とは

所有している土地や建物などを同程度の価値のものと交換した場合に、一定の要件を満たしたものについては課税をしない、という制度

■ 立体買換えの特例

等価交換
（資金の準備は不要）

土地 ⇔ 建物の一部

・土地よりも相続税評価額は低くなる
・交換後の建物の用途は自由
（居住用・事務所用・賃貸用など）

第4章 物件の取得や管理に関わる法律と税金

が固定資産の交換の特例です。

　土地と土地、建物と建物などを交換した場合に実際には現金が動いていないにも関わらず課税が発生してしまうのを防ぐために設けられています。この特例を受けるための条件は以下のとおりです。

① 固定資産の交換であること

　たとえば不動産会社が販売のために所有している土地は棚卸資産になるため、この特例の適用対象となりません。

② 同じ種類の資産の交換であること

　土地と土地、建物と建物といったように同じ種類の資産を交換することが必要です。

③ 1年以上所有していたものの交換であること

　交換するために取得した資産でないことが必要です。

④ 交換後、同じ目的で交換した資産を使用すること

　土地は宅地・田畑・鉱泉地など、建物は居住用・店舗または事務所用・工場用・倉庫用・その他用に分類されます。この区分に沿った使い方が交換後もされることが必要です。

⑤ 時価の差が高い方の時価の20％以内であること

　時価の算定は不動産鑑定士によって行われますが、実際には資産の交換を行う双方が納得すれば等価として認められます。

● 交換する資産の価値が問題になることもある

　明らかに価値が異なる資産の交換の場合、価値の低い資産を提供しようとする側が不足している価値分を現金（交換差金と呼ばれます）で支払うことで交換を成立させることがあります。

　この交換差金は所得税の対象となり、交換差金を受け取る側に課税されます。課税対象となるのは交換差金として受け取った金額すべてではなく、交換によって取得した資産との合計額に対しての交換差金が占める割合部分のみになります。

第5章
所得税の計算と確定申告

家賃収入を得ると所得税などがかかる

家賃、権利金、更新料などは不動産所得となる

● 収入と所得

　一般に「所得」とは、収入から必要経費を引いたもののことです。所得税は、あくまでも収入ではなく所得に対して課税されます。通常、収入と所得は同じ意味のように考えられていますが、収入と所得は異なります。たとえば、会社員の場合、会社からもらう「給与所得の源泉徴収票」の「支払金額」が収入金額です。そして、「給与所得控除後の金額」が所得金額です。給料の場合は、必要経費とは呼ばずに給与所得控除額と呼んでいます。このように収入と所得は、税金上全く意味が違うことを知っておきましょう。所得税は収入ではなく所得にかかります。所得税法では、10種類の所得について、具体的にその所得の金額の計算方法を定めています。一口に所得と言っても、勤労から得た所得、財産の売却から得た所得、資産の運用から得た所得など様々なものがあります。これらの所得を10種類に分類した理由は、たとえば、毎月支給される給与所得と退職後の生活を支える退職所得の性格が違うように、所得の性質によって税金を負担することができる

■ 所得税は所得に課される

収入	－	必要経費	＝	所得（利益）
↑		↑		↑
個人事業者であれば売上や雑収入のこと。給与所得者であれば給与の総支給額のこと		個人事業者であれば必要経費のこと。給与所得者であれば給与所得控除額のこと		ここに所得税が課される

能力(担税力)や政策上配慮すべき事情が異なるからです。たとえば老後の資金となる退職所得は、担税力などを考慮して所得の2分の1を課税対象とし、他の所得とは合算しないようにしています。

● 不動産所得とは

　土地・建物等の不動産を貸し付けることで得た地代、家賃、権利金、礼金などの所得を不動産所得といいます。敷金は入居時に預かるお金ですが、退去時に借主に返還されるものは収入にあたらないので、不動産所得には含まれません。また、船舶・航空機の貸付による所得も不動産所得です。不動産の仲介などによる所得は事業所得または雑所得になります(213ページ図表参照)。

　不動産の貸付を事業として行っている場合であっても、その所得は事業所得ではなく不動産所得です。土地や建物を貸して月々賃貸料を受け取っている場合だけでなく、余った部屋に人を下宿させて家賃を受け取っている場合も不動産所得です。

　ただし、下宿でも、食事を提供している場合やホテルなどのようにサービスの提供が主な場合には事業所得または雑所得になります。

　事業主が従業員に寄宿舎などを提供している場合に受け取る賃貸料も、事業に付随して発生する所得として事業所得になります。

　月極駐車場は不動産所得となりますが、時間貸し駐車場はサービス業としての側面を有することから事業所得または雑所得になります。

　ビルの屋上や側面の看板使用料は不動産所得ですが、店舗の内部の広告料は事業付随収入として事業所得になります。

● 不動産所得の金額

　不動産所得の金額は、その年の地代等の総収入金額から必要経費を控除した金額となります。一定水準の記帳をし、その記帳に基づいて正確な申告をする人には、所得金額の計算などについて有利な取扱い

が受けられる青色申告の選択が認められています。青色申告者は、収入から必要経費を差し引いて算定された不動産所得から、さらに「青色申告特別控除額」を差し引くことができます。

青色申告特別控除には65万円と10万円の控除がありますが、65万円の控除を受けるためには複式簿記で記帳する他、不動産の貸付が事業として行われていることが必要です。建物の貸付が事業として行われているどうかは社会通念に照らして判断されるのが原則ですが、形式基準（5棟1室基準）として、下記のいずかに該当する場合は事業的規模と判定されます。

① 貸間、アパート等については、貸与することができる独立した室数がおおむね10以上であること
② 独立家屋の貸付については、おおむね5棟以上であること

● 不動産所得の必要経費

不動産所得にかかる必要経費には、貸し付けた土地や建物などの不動産取得税、登録免許税、固定資産税、修繕費、損害保険料、減価償却費、借入金の利息、管理人の給料などが含まれます。ただし、上棟式の費用は必要経費ではなく、建物の取得価額に含まれます。なお、民泊が不動産所得となる場合には、Airbnbなどマッチングサイトへの手数料、清掃やゲスト対応を外注している場合の外注費用なども必要経費になると考えられます。

不動産所得の金額が赤字になった場合には、損益通算（214ページ）を行うことができます。ただし、不動産所得の赤字のうち、土地等を取得するために要した負債の利子に相当する部分の金額は損益通算できません。たとえば、不動産所得の金額が赤字100、借入利息が80で、そのうち土地を取得するために要した利息が40だったとします。赤字100のうち、この40は損益通算できませんので、100－40＝60を他の黒字の所得と通算することになります。

◯ 超過累進税率による総合課税

　所得に対してかかる税金が所得税です。所得には様々な種類がありますが、不動産所得の金額は他の所得と合算されて総所得金額を構成し、超過累進税率により総合課税（対象となる所得を合算して税額を計算・納税する課税方式）されます。

■ 不動産所得の計算方法

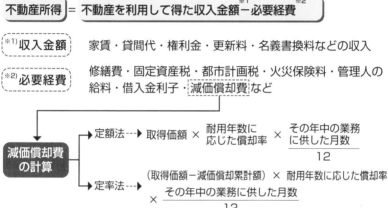

■ 所得税の速算表

課税される所得金額	税率	控除額
① 195万円以下	5%	0円
② 195万円を超え　330万円以下	10%	97,500円
③ 330万円を超え　695万円以下	20%	427,500円
④ 695万円を超え　900万円以下	23%	636,000円
⑤ 900万円を超え　1,800万円以下	33%	1,536,000円
⑥ 1,800万円超え　4,000万円以下	40%	2,796,000円
⑦ 4,000万円超	45%	4,796,000円

（注）たとえば「課税される所得金額」が700万円の場合には、求める税額は次のようになります。
　　700万円×0.23－63万6,000円＝97万4,000円

第5章　所得税の計算と確定申告

税額計算の流れをおさえよう

総所得金額から所得税額までを段階的に計算する

● 所得税の計算方法とは

以下のような流れで計算をしていきます。

① 総所得金額を求める

10種類に分類されたそれぞれの所得について、収入金額から差し引く必要経費の範囲、特別控除などが決められていますので、それに従って各所得金額を計算します。

これらの所得金額を合算して「総所得金額」を求め、それに対して税金計算をして申告納付する「総合課税」が原則となります。しかし、一部の所得については、他の所得とは合算せずに単独で税金を計算する「申告分離課税」という方式がとられます。これは、一時的に大きな所得が発生した場合などに超過累進税率を適用することがなじまない所得に配慮したものです。申告分離課税が適用される所得には、山林所得、退職所得、土地建物等・株式等の譲渡による譲渡所得などがあります。また、利子所得のように源泉徴収だけで課税関係を完結させる「源泉分離課税」が適用される所得もあります。

■ 3つの課税方法

課税方法		
1 総合課税	他の所得と合算して税額を計算する
2 申告分離課税	他の所得と区別（分離）して税額を計算する
3 源泉分離課税	源泉徴収された税額だけで課税関係を完結させる

② **所得控除額を計算する**

納税者の個人的事情などを考慮して設けられている「所得控除額」を計算します。災害により資産に損害を受けた場合の「雑損控除」、多額の医療費の支出があった場合の「医療費控除」、配偶者や扶養親族がいる場合の「配偶者控除」や「扶養控除」、すべての人に認められている「基礎控除」など、14種類の所得控除が設けられています。

③ **課税所得金額を求める**

所得金額から所得控除額を差し引いて「課税所得金額（1,000円未満切捨）」を求めます。

④ **所得税額を算出する**

課税所得金額に税率を掛けて「所得税額」を計算します。税率は、課税所得金額に応じて5％から45％の7段階に分かれています。

⑤ **所得税額から税額控除額を差し引く**

二重課税の排除や政策目的などにより、所得税額から直接控除でき

■ 所得の種類

利子所得	預貯金・公社債などの利子
配当所得	株式の配当・剰余金の分配など
不動産所得	土地・建物などの貸付けによる所得
事業所得	事業による所得（不動産賃貸所得は不動産所得）
給与所得	給料・賞与など
退職所得	退職金・一時恩給など
山林所得	山林・立木の売却による所得
譲渡所得	土地・建物・株式・ゴルフ会員権などの売却による所得
一時所得	懸賞の賞金・生命保険の満期保険金など一時的な所得
雑所得	公的年金や事業とはいえないほどの原稿料、講演料など上記にあてはまらない所得

る「税額控除額」が認められています。税額控除には、配当控除や住宅ローン控除などがあります。配当控除とは、配当を受け取った場合や収益を分配された場合に一定の方法により計算した金額を控除するものです。また、ローンを組んで住宅を購入した場合には、ローン残高に応じて一定の金額が控除できます。

⑥ 源泉徴収税額や予定納税額を差し引く

税額控除後の所得税額（年税額）から源泉徴収された税額や前もって納付している予定納税額があるときは差し引いて精算します。

これで最終的に納める所得税額（100円未満切捨）または還付される所得税額が算出されます。

● 損益通算とは

2種類以上の所得があり、たとえば1つの所得が黒字、他の所得が赤字（損失といいます）であるような場合に、その所得の黒字から他

■ 所得税の計算方法

① **各種所得ごとに所得金額を計算**
　↓ 10種類の所得ごとに一定の方法で所得金額を計算

② **所得控除額を計算**
　↓ 個人的事情などを考慮した所得控除額を求める

③ **①から②を引いて課税所得金額を計算**
　↓ 1,000円未満の端数を切り捨て

④ **③に税率をかけて所得税額を計算**
　↓ 課税所得金額に応じた超過累進税率を適用して所得税額を計算

⑤ **④から税額控除額を差し引く**
　↓ 配当控除や住宅ローン控除などの税額控除額を差し引く

⑥ **⑤から源泉徴収税額や予定納税額を差し引く**
　　納付する税額の場合は100円未満端数切捨、
　　還付される税額のときは、端数処理はしない

の所得の赤字を一定の順序に従って差引計算するものです。

すべての所得の赤字（損失）が他の黒字の所得と損益通算できるものではありません。所得税では、不動産所得、事業所得、山林所得及び譲渡所得の金額の計算上生じた損失の金額があるときに限り、一定の順序により他の各種所得の金額から控除できるものとしています。ただし、不動産所得で生じた赤字のうち土地等を取得するために要した借入金の利子に対応する部分の金額は損益通算することはできません。

◉ 損益通算の順序

損失の金額は、次の順序により控除を行います。

① 不動産所得、事業所得の損失の控除

不動産所得の金額または事業所得の金額の計算上生じた損失の金額は、利子所得、配当所得、不動産所得、事業所得、給与所得、雑所得の金額（経常所得の金額といいます）から控除します。

② 譲渡所得の損失の控除

譲渡所得の金額の計算上生じた損失の金額は、一時所得の金額から控除します。

③ ①で控除しきれないものの処理

①で控除しきれないときは、譲渡所得の金額、次に一時所得の金額（②の控除後）から控除します。

■ 損益通算のしくみ

損益通算とは ➡ プラスの所得とマイナスの所得を相殺すること

損益通算できる所得は
- ▶ 不動産所得
- ▶ 事業所得
- ▶ 山林所得
- ▶ 譲渡所得

｝これら以外の所得のマイナスは対象外

④ ②で控除しきれないものの処理

　②で控除しきれないときは、これを経常所得の金額（①の控除後の金額）から控除します。

⑤ ③、④で控除しきれないものの処理

　③、④の控除をしても控除しきれないときは、まず山林所得の金額から控除し、次に退職所得の金額から控除します。

⑥ 山林所得の損失の処理

　山林所得の金額の計算上生じた損失の金額は、経常所得（①または④の控除後）、次に譲渡所得、次いで一時所得の金額（②または③の控除後）、さらに退職所得の金額（⑤の控除後）の順で控除を行います。

　損益通算が上記のような順序になっているのは、所得の性質を考慮しているためです。まずは同じ性質の所得と通算し、次に性質の違う所得と通算するという手順になっています。

■ **損益通算の対象**

分離譲渡所得		総合譲渡所得		経常所得
分離長期	損益の相殺・損益通算不可	総合長期	損益通算	利子所得
損益の相殺可能		損益の相殺可能		配当所得
				不動産所得
				事業所得
				給与所得
分離短期		総合短期		雑所得
		一時所得		山林所得
				退職所得

■ 所得税の計算のしくみ

(例) 物品販売業を営む人の所得税額の算定

Step1. 各種所得の金額の計算

① 事業所得
総収入金額 40,000,000 円－必要経費 36,350,603 円
＝事業所得の金額 3,649,397 円

② 不動産所得
総収入金額 3,600,000 円－必要経費 1,600,000 円
＝不動産所得の金額 2,000,000 円

③ 配当所得
収入金額 69,000 円－その元本取得のための負債利子 0 円
＝配当所得の金額 69,000 円

④ 雑所得(公的年金等)
収入金額 1,012,012 円－公的年金等控除額 1,012,012 円＝0 円

⑤ 合計額　①＋②＋③＋④＝5,718,397 円

Step2. 所得控除

医療費控除 74,518 円＋社会保険料控除 1,015,314 円＋
生命保険料控除 50,000 円＋配偶者控除 380,000 円＋
基礎控除 380,000 円＝合計額 1,899,832 円

Step3. 課税所得金額

各種所得の金額の合計額 5,718,397 円－所得控除の合計額
1,899,832 円＝3,818,000 円(1,000 円未満切捨て)

Step4. 所得税額

課税所得金額 3,818,000 円 × 税率 20％－控除額 427,500 円
＝所得税額 336,100 円

Step5. 税額控除

配当控除 6,900 円 → 税額控除の合計額 6,900 円

Step6. 基準所得税額(再差引所得税額)

所得税額 336,100 円－税額控除の合計額 6,900 円
＝差引所得税額 329,200 円

Step7. 復興特別所得税額

基準所得税額 329,200 円 ×2.1％＝6,913 円

Step8. 申告納税額

差引所得税額 329,200 円＋復興特別所得税額 6,913 円－
源泉徴収税額 4,830 円＝331,200 円(100 円未満切捨て)

3 不動産所得における収入・経費について知っておこう

不動産所得は収入から経費を引いたものである

● 収入になるもの

　不動産所得は収入から経費を引いた金額になります。収入にあたるものとしては、地代や家賃といった賃貸料が挙げられます。また、礼金、更新料、承諾料なども収入にあたります。敷金や保証金など、退去時などに返還されることになっているものは収入にはあたらず、預り金として扱われます。ただし、敷金や保証金のうち、一部ないし全部を返還しない契約となっている場合は、返還されない部分が収入となります。共同住宅などでは、街灯などの共用部分の維持やゴミ処理などのために共益費を徴収する場合があります。このような共益費も貸主の収入に含まれます。他方で、貸主が実際に支払った共用部分にかかる水道代、電気代その他の諸費用については経費として処理することになります。

・収入の計上時期について

　家賃や共益費などについて、収入として計上する時期は原則として次のようになります。

　契約書や慣習などで支払日が定められている場合は、その支払日が収入計上時期となります。これに対して、契約書などで支払日が定められていない場合は、実際に支払いを受けた日になります。ただし、請求があったときに支払うことになっている場合は、その請求日になります。建物を賃貸することで一時的に受け取る礼金、更新料、承諾料などについては、賃貸物件の引渡しが必要なものは引渡しのあった日、引渡しが必要ないものは契約の効力が発生した日となります。敷金や保証金で返還の必要がないものについては、返還の必要がないこ

とが確定した日の収入に計上します。

◯ 経費として扱われるもの

経費に含まれるものには、以下のようなものがあります。

① **賃貸用の土地・建物にかかる不動産取得税、固定資産税など**

不動産取得税、登録免許税、固定資産税、都市計画税などは経費に含めることができます。

② **建物にかける火災保険料などの損害保険料**

火災保険料などの損害保険料も経費に含めることができます。

③ **減価償却費**

建物は年を経ると資産価値が下がります。資産価値が下がっていく額を仮定計算し、減価償却費として毎年の経費に計上していきます。

④ **修繕費**

畳やふすまの取替え、壁の塗替えなど収益用不動産にかかる「修繕費」はその年の経費に算入できます。ただし、「資本的支出」（資産の使用可能期間を延長させたり、資産の価値を増大させるような支出）に該当するものは固定資産として計上した上で、耐用年数にわたり減価償却費として費用化していきます。

■ 収入となるもの・経費となるもの

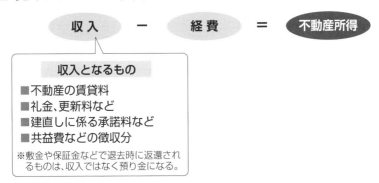

⑤ 共用部分の水道代、電気代など
　共益費として徴収したものでも、貸主の経費として扱われます。
⑥ **不動産管理会社に支払う管理委託手数料等**
　賃貸用の建物の管理を不動産管理会社に委託している場合は、その管理委託手数料等も経費に含まれます。
⑦ **入居者募集のための広告宣伝費**
　入居者を募集するため広告宣伝費も経費に含めることができます。
⑧ **借入金の利息**
　アパートローンなどの支払利息は経費に算入できます。元本返済額は経費とは認められません。不動産所得の赤字のうち、土地取得にかかる借入金の利息は損益通算できません。
⑨ **税理士に支払う報酬**
　税務申告等を依頼する場合の報酬も経費に含めることができます。
⑩ **その他雑費**
　不動産所得の経費と認められるのは不動産事業のための経費のみです。事業用と家庭用が混在している「家事関連費」については、事業部分を明確に按分計算できる場合に限り経費とすることができます。

● 収入・経費双方に計上するものがある

　入居者から受け取った礼金や更新料の一部を仲介手数料として不動産会社等に支払うことがあります。この場合の経理処理には、少し注意が必要です。たとえば10万円の礼金を受け取り、そのうち5万円を不動産会社に支払ったとします。この場合、差額の5万円だけを収入に計上するのではなく、礼金10万円を収入、仲介手数料5万円を経費としてそれぞれ総額で計上します。
　また、民泊収入が不動産所得となる場合、宿泊費を収入、民泊仲介サイトの手数料を経費として総額で計上することになります。

有利な青色申告制度について知っておこう

個人も法人も青色申告を選択して税制上の特典を受ける

● 青色申告には税務上の特典がある

確定申告には、青色申告と白色申告があります。

青色申告とは、所定の帳簿を備え付けて日々の取引を記録すると共に、その記録に基づき所得を正確に計算して申告する人は、税務上の特典が受けられる制度です。

所得税の青色申告を選択できる人は、①不動産所得、②事業所得、③山林所得のいずれかの所得を得ている納税者に限られています。

新たに青色申告で確定申告をしようとする場合には、その年の3月15日までに「所得税の青色申告承認申請書」を所轄の税務署に提出して承認を受けなければなりません。ただし、新規に開業する人は、1月15日以前に開業したときはその年の3月15日までに、1月16日以降の場合は開業の日から2か月以内に提出する必要があります。遅れると青色申告できる年が1年延びてしまいますので要注意です。

● 具体的に何をすればよいのか

青色申告者となるには、複式簿記による帳簿書類または簡易帳簿を作成することが必要となります。複式簿記による記帳であれば、所得から65万円の青色申告特別控除が受けられます。しかし、簡易帳簿の場合は10万円の控除のみとなります。帳簿をつけるのであれば、今後の管理レベルの向上も考慮し、簡易帳簿ではなく複式簿記による記帳を選んでおいた方がよいでしょう。

● どんなメリットがあるのか

　個人開業する者が青色申告をした場合には、主に以下のような種々の特典が認められています。

① 　青色事業専従者給与

　専従者給与を必要経費として処理できます。専従者給与とは、妻や子供が仕事を手伝い事業に従事している場合の給与のことです。なお青色事業専従者給与額を必要経費に算入して処理する場合には、「青色事業専従者給与に関する届出書」を提出することが必要です。

② 　純損失の繰越控除や繰戻し

　純損失の繰越控除とは、損失を赤字の出た年の翌年から3年間（会法人における欠損の場合は9年間。平成30年4月1日以後開始する事業年度で生じた損失については10年間）にわたって繰り越し、所得から控除することができる制度です。これは翌年以降に黒字化した場合に節税効果が見込め、大きなメリットとなります。純損失の繰戻しとは、その年に生じた損失は、確定申告書と共に所定の還付請求書を提出することにより、前年分の税額の一部または全額から相当額の還付が受けられる制度です。これは翌年度に赤字が見込まれる場合に力を発揮します。

③ 　青色申告特別控除

　所得の計算上、要件に応じて65万円または10万円を控除できます。

● 法人の青色申告

　青色申告は個人開業した場合だけでなく、株式会社などの法人を設立した場合にも利用することができます。法人が利益を上げると、個人の所得税にあたる法人税が課されるので、法人税について「青色申告の承認申請書」を提出することになります。個人開業をする場合に検討する所得税の青色申告については、青色申告ができる者について「不動産所得・事業所得・山林所得を生ずべき業務を行う者」という

限定がありますが、法人税の場合には、業種を問わず、①法定の帳簿書類を備え付けて取引を記録・保存すること、②「青色申告の承認申請書」を所轄の税務署長に提出して承認を受けること、の2つの条件を満たすことで青色申告が認められます。

法人が青色申告する場合の手続き

青色申告の承認を受けようとする法人は、その事業年度開始の日の前日までに「青色申告の承認申請書」を納税地の所轄税務署長に提出しなければなりません。ただし、設立第1期の場合には、設立の日以後3か月を経過した日と設立第1期の事業年度終了の日のうち、どちらか早い日の前日までに申請書を提出することになっています。前述したように、法定の帳簿書類の備付けと取引の記録・保存が青色申告をするための要件とされているため、青色申告法人は、仕訳帳、総勘定元帳、棚卸表などの帳簿書類を備え付ける他、その事業年度終了の日現在において、貸借対照表および損益計算書を作成しなければなりません。また、帳簿（仕訳帳、総勘定元帳、固定資産台帳など）および書類（棚卸表、貸借対照表、損益計算書、注文書、契約書、領収書など）は申告期限の翌日から7年間（欠損年度は9年（平成30年4月以降は10年））保存することが要求されています。

■ 青色申告のメリット

- 家族を従業員とする場合に、家族の給料を必要経費にできる
- 純損失の繰越控除や繰り戻しができる
- 青色申告特別控除として最高65万円控除できる
- 引当金を設定することができる
- 少額減価償却資産の一括経費計上
- 特別償却・特別控除が適用できる

5 各種届出について知っておこう

事前の周到な届出がスムーズな申告につながる

● 税金関係の届出書類の種類

　個人で開業する場合、法人を設立して開業する場合、それぞれ、税務署への届出が必要です。事業形態によって提出書類が異なることがあるため、税務署に提出書類を確認することが大切です。

・個人で開業する場合

　個人で開業する場合の届出書類は、法人と比較して少なくて済みます。所得税に関連する主な届出は下図のとおりです。

■ 個人が新たに事業を始めた時の所得税についての主な届出

税目	届出書	内容	提出期限
申告所得税	個人事業の開廃業等届出書	事業の開廃業や事務所等の移転があった場合	事業開始等の日から1か月以内
	所得税の青色申告承認申請書	青色申告の承認を受ける場合（青色申告の場合には各種の特典がある）	承認を受けようとする年の3月15日まで（その年の1月16日以後に開業した場合には、開業の日から2か月以内）
	青色事業専従者給与に関する届出書	青色事業専従者給与を必要経費に算入する場合	青色事業専従者給与額を必要経費に算入しようとする年の3月15日まで（その年の1月16日以後開業した場合や新たに事業専従者を使いだした場合には、その日から2か月以内）
	所得税の棚卸資産の評価方法・減価償却資産の償却方法の届出書	棚卸資産の評価方法及び減価償却資産の償却方法を選定する場合	開業した日の属する年分の確定申告期限まで

なお、その他の提出書類としては、従業員を雇い給与などを支払う場合の「給与支払事務所等の開設届出書」、源泉所得税の納付について、半年分をまとめて納付する特例を利用する場合の「源泉所得税の納期の特例の承認に関する申請書」があります。

・法人を設立して開業する場合

　株式会社など法人を設立した場合、納税地（会社が存在する場所）の所轄税務署長に納税地・事業の目的・設立の日などを記載した「法人設立届出書」を提出します。その他提出が必要になる主な書類は下図のとおりです。

■ 新たに会社を設立した場合に税務署に届出が必要になる主な書類…

提出書類	添付書類	提出期限
法人設立届出書	①設立時の貸借対照表 ②定款等の写し ③設立の登記の登記事項証明書 　（履歴事項全部証明書） ④株主等の名簿の写し ⑤設立趣意書　など	設立登記の日以後2か月以内
青色申告の承認申請書	なし	設立の日以後3か月を経過した日の前日と設立第1期の事業年度終了の日の前日のうち早い方
棚卸資産の評価方法の届出書	なし	普通法人を設立した場合は、設立第1期の確定申告書の提出期限まで
減価償却資産の償却方法の届出書	なし	普通法人を設立した場合は、設立第1期の確定申告書の提出期限まで

※　個人・法人問わず、国内において給与の支払事務を取り扱う事務所などを開設する場合には、事業所開設の日以後1か月以内に「給与支払事務所等の開設・移転・廃止届出書」を提出する。

※　個人・法人問わず、給与の支給人員が常時10人未満である源泉徴収義務者で、預り源泉税の納付が半年ごとになる制度の適用を受けようとする源泉徴収義務者は「源泉所得税の納期の特例の承認に関する申請書」を提出する。

6 確定申告について知っておこう

青色申告決算書も作成する必要がある

● 確定申告と予定納税

　所得税などを納税者が自ら計算して税額を確定し、税務署に申告することをいいます。確定申告は、毎年2月16日から3月15日の1か月間に所轄の税務署に対して行います。対象となるのは、前年の1月1日から12月31日までの1年間のすべての所得です。納税の場合の納付期限も確定申告期限の3月15日です。この期限までに申告・納付をしないときは、無申告加算税や延滞税といった罰金的な税金が課されます。もっとも、振替納税を利用すると4月中旬の銀行引落しになり、利子税などもかからないので便利です。なお、平成29年1月からは所得税を含むほとんどの国税でクレジットカード納付も利用できます。

　確定申告が終わらないと所得税額は確定しません。しかし、年に一度の納付では、納税者の負担も大きく、国の歳入面でも好ましくありません。そこで、予定納税という制度が設けられます。これは、所得税の対象となる年の7月と11月に、それぞれ前年の所得税の3分の1程度を納税するという制度です。残りの3分の1程度の納税額を正確に計算した上で、翌年3月頃の確定申告時に納税してもらうわけです。対象者は、その年の5月15日現在において確定している前年分の所得金額や税額などをもとに計算した「予定納税基準額」が15万円以上の人です。

　「予定納税基準額」は、おおむね以下のようになります。
① 　前年分の所得金額のうちに、山林所得、退職所得などの分離課税の所得や、譲渡所得、一時所得、雑所得、平均課税を受けた臨時所得の金額がない場合、前年分の申告納税額がそのまま「予定納税基

準額」になります。
② 上記の①に該当しない人の場合は、前年分の課税総所得金額と分離課税の上場株式等にかかる課税配当所得の金額の合計に対する所得税額から源泉徴収税額を引いた金額になります。

「予定納税基準額」が15万円以上になる人に対しては、所轄の税務署長からその年の6月15日までに文書で予定納税額が通知されます。なお、前年の所得は多くても、今年の所得が前年ほどは多くならない予定の人もいます。その年の6月30日の状況で所得税の見積額が「予定納税基準額」よりも少なくなる人は、7月15日までに税務署に「予定納税額の減額申請書」を提出し、それが承認されれば、予定納税額は減額されます。11月納税分の予定納税額だけの減額申請は、10月31日の状況で判断し、11月15日までに税務署宛に行います。

不動産所得の確定申告と提出書類

アパート経営などによる不動産所得が年20万円を超えると、確定申

■ 所得税の確定申告の流れ

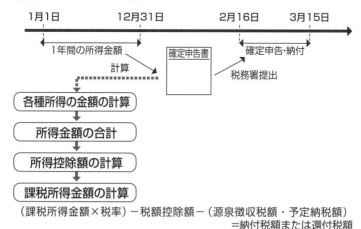

（課税所得金額×税率）－税額控除額－（源泉徴収税額・予定納税額）
　　　　　　　　　　　　　　　　　　　＝納付税額または還付税額

告が必要になります。確定申告に際して税務署へ提出する書類には、確定申告書の他、決算書などの添付書類があります。決算書とは「青色申告決算書」を指します（税務署に対して青色申告承認申請の届出をしていない場合は白色申告となり「収支内訳書」となります）。

　青色申告決算書とは、不動産収入から経費などを差し引いて所得税計算の対象となる所得金額を算出した書類などを指します。そして、所得金額などをもとに納付すべき所得税額を計算する書類が「確定申告書」です。この確定申告書に青色申告決算書や後述する保険料等の控除証明書などを添付して税務署に提出します。不動産所得以外に給与所得もある場合は、給与所得の源泉徴収票も提出が必要です。

● 青色申告決算書作成上の注意点

　不動産所得用の青色申告決算書は、①損益計算書、②不動産所得の収入の内訳、③減価償却費の計算、④貸借対照表の4ページで構成されています。

① 　損益計算書は、1年間の不動産事業による収入金額と必要経費などからその年の儲けを計算した、いわば不動産事業の成績表です。損益計算書では、必要経費項目以外に専従者給与と青色申告特別控除額を収入金額から差し引くことができます。専従者給与とは、事業主の家族で不動産賃貸の事業に携わっている者へ支払った給与です。ただし、専従者給与として差し引くには「青色専従者給与に関する届出書」を事前に税務署へ提出しておく必要があります。
　　これらを差し引いた残りが損益計算書の所得金額となります。

② 　不動産所得の収入の内訳では、賃貸収入の詳細を記入します。賃貸用不動産がマンションであれば、部屋ごとに記入するのが原則です。また、賃貸契約終了後に返還義務のある保証金や敷金なども記入します。その他、損益計算書で記載した従業員への給与賃金や専従者給与についても、その内訳を記入します。

③　減価償却費とは、年数の経過による資産価値の目減り分（減価）を費用として計上（償却）する考え方です。減価償却費の計算では、賃貸用の不動産について、取得価額や耐用年数、それらをもとに算出した減価償却費や未償却残高などを記入します。

その他、このページでは、地代家賃や金融機関以外からの借入金利子、税理士等への報酬といった項目の内訳も記入します。

④　貸借対照表は、不動産の賃貸事業に関連する資産と、それに伴う負債や事業主が投入した事業資金などを列挙した明細書です。あくまで事業に関係する項目のみが対象ですので、たとえば現金預金については、個人の現金預金と混在しないように管理しておかなければなりません。資産としては、賃貸用不動産の期末時点での価額などを記載します。負債としては、賃貸用不動産に関連した借入金の残高や賃借人から預かっている敷金などを記載します。

● 所得税の確定申告書作成上の注意点

確定申告書には2種類あり、「申告書A」と「申告書B」があります。不動産事業を営む事業主は「申告書B」を用います。確定申告書は第1表と第2表で構成されており、第1表では集約された金額のみ記載し、第2表ではそれらの明細を記入します。作成にあたっては、損益計算書に記入した不動産の収入金額や所得金額、専従者給与や青色申告特別控除額を確定申告書へ転記します。事業主が負担している国民年金や国民健康保険料、生命保険料のうち一定の額も確定申告書において控除できます。その際は控除証明書などの添付が必要です。

また、不動産所得以外に給与所得がある場合は、源泉徴収票をもとに給与所得の金額や源泉徴収された金額、社会保険料控除額などを確定申告書に転記し、源泉徴収票を添付します。これらの記入後、第1表で所得税の申告納税額を計算します。

書式 所得税確定申告書B（第一表）

品川 税務署長　29年2月25日　平成28年分の所得税及び復興特別所得税の確定申告書B　FA0122

〒141-△△△△　東京都品川区西品川○-○-○　同上

個人番号 △△△△△△△△△△△△
フリガナ イノウエ ケイタ
氏名 井上 啓太　印
職業 ○○小売業　屋号 井上商店　世帯主 井上啓太　続柄 本人
生年月日 3.57.10.10
電話 03-○○○○-○○○○

収入金額等
- 事 営業等 ㋐ 18560000
- 業 農業 ㋑
- 不動産 ㋒ 3360000
- 利子 ㋓
- 配当 ㋔
- 給与 ㋕
- 雑 公的年金等 ㋖
- 雑 その他 ㋗
- 総合譲渡 短期 ㋘
- 総合譲渡 長期 ㋙
- 一時 ㋚

所得金額
- 事 営業等 ① 6028000
- 業 農業 ②
- 不動産 ③ 1160000
- 利子 ④
- 配当 ⑤
- 給与 ⑥
- 雑 ⑦
- 総合譲渡・一時 ⑧
- 合計 ⑨ 7188000

所得から差し引かれる金額
- 雑損控除 ⑩
- 医療費控除 ⑪ 82000
- 社会保険料控除 ⑫ 876500
- 小規模企業共済等掛金控除 ⑬
- 生命保険料控除 ⑭
- 地震保険料控除 ⑮
- 寄附金控除 ⑯
- 寡婦、寡夫控除 ⑰⑱ 0000
- 勤労学生、障害者控除 ⑲⑳ 0000
- 配偶者(特別)控除 ㉑㉒ 0000
- 扶養控除 ㉓ 0000
- 基礎控除 ㉔ 380000
- 合計 ㉕ 1338500

税金の計算
- 課税される所得金額 ㉖ 5849000
- 上の㉖に対する税額又は第三表の㊱ ㉗ 742300
- 配当控除 ㉘
- （特定増改築等）住宅借入金等特別控除 ㉙㉚
- 政党等寄附金等特別控除 ㉛〜㉝
- 住宅耐震改修特別控除等 ㉞〜㊲
- 差引所得税額 ㊳ 742300
- 災害減免額 ㊴
- 再差引所得税額（基準所得税額） ㊵ 742300
- 復興特別所得税額（㊵×2.1%） ㊶ 15588
- 所得税及び復興特別所得税の額 ㊷ 757888
- 外国税額控除 ㊸
- 源泉徴収税額 ㊹
- 申告納税額 ㊺ 757888
- 予定納税額（第1期分・第2期分） ㊻
- 第3期分の税額 納める税金 ㊼ 757800
- 還付される税金 ㊽

その他
- 配偶者の合計所得金額 ㊾
- 専従者給与(控除)額の合計額 ㊿
- 青色申告特別控除額 51 650000
- 雑所得・一時所得等の源泉徴収税額の合計額 52
- 未納付の所得税及び復興特別所得税の源泉徴収税額 53
- 本年分で差し引く繰越損失額 54
- 平均課税対象金額 55
- 変動・臨時所得金額 56

延納の届出
- 申告期限までに納付する金額 57 00
- 延納届出額 58 000

230

書式　所得税確定申告書B（第二表）

平成 28 年分の 所得税及び復興特別所得税 の確定申告書B

住所: 東京都品川区西品川〇-〇-〇
屋号: 井上商店
氏名: 井上啓太

整理番号: （空欄）
FA0076

○ 所得から差し引かれる金額に関する事項

⑩ 雑損控除
- 損害の原因／損害年月日／損害を受けた資産の種類など
- 損害金額／保険金などで補填される金額／差引損失額のうち災害関連支出の金額

⑪ 医療費控除
- 支払医療費: 182,000円
- 保険金などで補填される金額: 0

⑫ 社会保険料控除
社会保険の種類	支払保険料
国民年金	397,500
国民健康保険	479,000
合　計	876,500

⑬ 小規模企業共済等掛金控除
- 掛金の種類／支払掛金／合計

⑭ 生命保険料控除
- 新生命保険料の計／旧生命保険料の計
- 新個人年金保険料の計／旧個人年金保険料の計
- 介護医療保険料の計

⑮ 地震保険料控除
- 地震保険料の計／旧長期損害保険料の計

⑯ 寄附金控除
- 寄附先の所在地・名称／寄附金

⑰〜⑱ □寡婦（寡夫）控除　□勤労学生控除
- □死別　□生死不明　学校名
- □離婚　□未帰還

⑲〜⑳ 氏名

㉑ 配偶者控除・配偶者特別控除
- 配偶者の氏名／生年月日　明・大／昭・平
- □配偶者控除　□配偶者特別控除
- 個人番号　国外居住

㉒ 扶養控除
- 控除対象扶養親族の氏名／続柄／生年月日／控除額
- 個人番号　国外居住

㉓ 扶養控除額の合計

○ 所得の内訳（所得税及び復興特別所得税の源泉徴収税額）

所得の種類	種目・所得の生ずる場所又は給与などの支払者の氏名・名称	収入金額	所得税及び復興特別所得税の源泉徴収税額

㊹ 所得税及び復興特別所得税の源泉徴収税額の合計額

○ 雑所得（公的年金等以外）、総合課税の配当所得・譲渡所得、一時所得に関する事項

所得の種類	種目・所得の生ずる場所	収入金額	必要経費等	差引金額

○ 特例適用条文等

○ 事業専従者に関する事項

事業専従者の氏名	個人番号	続柄	生年月日	従事月数・程度・仕事の内容	専従者給与（控除）額
			明・大 昭・平		
			明・大 昭・平		

専従者給与（控除）額の合計額

○ 住民税・事業税に関する事項

住民税
16歳未満の扶養親族の氏名	個人番号	続柄	生年月日	別居の場合の住所	寄附金税額控除
			平		都道府県、市区町村／住所地の共同募金会、日赤支部／条例指定分 都道府県／条例指定分 市区町村

- 配当に関する住民税の特例
- 非居住者の特例
- 配当割額控除額　株式等譲渡所得割額控除額
- 給与・公的年金等に係る所得以外（平成29年4月1日において65歳未満の方は給与所得以外）の所得に係る住民税の徴収方法の選択：○自分で納付

事業税
非課税所得など	番号	所得金額	損益通算の特例適用前の不動産所得	事業用資産の譲渡損失など	他都道府県の事務所等
青色申告特別控除額		650,000円			前年中の開（廃）業　開始・廃止

別記の控除対象配偶者・控除対象扶養親族・事業専従者の氏名・住所 ／ 所得税で控除対象配偶者などとした専従者 ／ 氏名 ／ 給与 ／ 一連番号

民泊ビジネスによる確定申告についての注意点を教えてください。

 民泊ビジネスによって1年間で20万円を超える利益が上がったら、所得税の確定申告が必要となります。

　民泊ビジネスによって得た利益は事業所得もしくは雑所得に分類されます。ただし、宿泊期間、食事などのサービス提供の有無、転貸物件か所有物件かなどの条件から不動産所得と判断されるケースも考えられます。判断に迷う場合は税務署や税理士などの専門家に相談しましょう。

　事業所得とは、反復性・継続性・対価性などの条件を満たす事業活動を行っている場合に該当する所得です。民泊で単発的に利益を得る場合は雑所得と考えられますが、事業の一環として継続的に宿泊施設を提供するような場合には、事業所得として確定申告を行う必要があります。事業所得、雑所得のいずれに該当する場合も、その所得金額が1年間で20万円を超えなければ確定申告をする必要がありません。ここでいう所得とは、売上から経費を差し引いた金額のことをいいます。たとえば、宿泊料で1年間に100万円を売り上げたとしても、部屋の内装費用や維持費などで80万円以上の経費がかかっているという場合には確定申告をする必要がありません。20万円を超える事業所得（営業等）がある場合、青色申告か白色申告かを自分で選択して確定申告を行います。

　青色申告を選択すると、様々な税制上の優遇を受けることができます。複式簿記で記帳しなければならないなど、処理は多少複雑になりますが、チャレンジしてみる価値はあります。また、宿泊料は家賃とは異なり、原則として消費税の対象となるという点にも注意しなければなりません。ただし、消費税の納税義務は、売上高が1000万円を超えた場合に、その翌々年から発生します。

第6章

その他の税務知識

法人設立のメリットについて知っておこう

法人成りで節税対策を検討する

● 経営を法人形態で行う

　法人を設立し、アパートや民泊経営を法人形態で行うという方法（法人成り）もあります。法人には、法人税、住民税、事業税が課せられます。事業規模が大きくなってきた場合、法人成りにより節税効果が得られることもあります。所得税は累進課税方式であるため所得の額に応じて税率が変わります。一方、法人税は、一定の中小企業には軽減税率の特例がありますが、基本的に一律同じ税率が適用されます。また、所得税と比較して税率が低いのも法人成りを行うメリットのひとつです。さらに、所得税の青色申告では純損失を3年間にわたり繰延控除することができますが、法人税の青色申告では欠損金を9年間（平成30年4月1日以後開始する事業年度で生じた損失については10年間）にわたり繰越控除することができます。

　法人成りをした場合、設立した会社から役員報酬を受け取る形をとります。事業の儲けには法人税率が適用され、社長自身は給与所得者となります。給与所得には給与所得控除という所得から控除される金額があるため、受け取った役員報酬からいくらか減額されたものに対して所得税が課税されることになります。なお、不動産所得で赤字が予想されており、他の所得では黒字があるというような場合には、所得税の損益通算（214ページ）が利用できるため、法人成りしない方が節税できるケースもあります。

● どんな形態が考えられるのか

　法人とは、法律上の権利義務の主体となることができる資格を与え

られたものを指します。簡単に言うと、取引の当事者となることができる資格を持つものです。法人には様々な形態があります。代表格は株式会社や合同会社などの会社です。会社の形態としては、他にも合資会社や合名会社がありますが、会社を設立する場合には、株式会社か合同会社のどちらかを検討することになるのが通常です。開業当初から十分な賃貸収入を見込める場合で、将来的にも事業拡大が考えられるようなケースでは、当初から株式会社での開業を検討することになるでしょう。

● 設立手続きの流れ

株式会社や合同会社を設立するためには、一定の人とお金を集め、団体としての会社の実体を作り、登記をすることが必要です。団体としての会社の実体は、定款（会社の根本規則）作成、出資者の確定、機関の具備、会社財産の形成などによってできあがります。つまり、組織の基本ルール、お金を出す人、会社を運営する人を決めて会社の財産を実際に確保しなければなりません。

■ 設立手続きの流れ

定款の作成
↓ 発起人が定款を作成し、公証人の認証をうける

株式の引受・払込み
↓ 発起人は株式を引き受け、引き受けた株式について出資の払込みをする

役員の選任
↓ 発起人が役員（取締役など）を選任する。定款であらかじめ役員を定めていれば、選任手続きは不要

役員による調査
↓ 役員が会社の設立手続に法令違反などがないかをチェックする

設立の登記

定款に掲げられた設立の目的に賛同した人が出資者となり、その資金を使って、取締役などの組織の運営者が、その目的達成のために活動するのです。そして、設立登記（会社の設立を広く一般に公示する手段）が必要になります。設立登記は法律で定められた要件を充たせば当然に認められます。なお、現行の会社法では資本金が1円、社員兼役員が1名でも会社を設立することができるようになっています。

また、定款や設立登記申請書などの設立関係書類をWEB上で簡単に作成できるサービスもあります。定款も電子認証を利用すれば、公証役場に行く手間や印紙代が不要となり、以前と比べると、会社設立のハードルはかなり低くなりました。

● 法人を設立する際の注意点

設立された法人は、独立した存在です。社長から見れば私財を投じて作った自分のものであるという印象をもってしまいがちですが、法人名義の資産を私物化することはできません。反対に個人の所有資産を事業へ投じる場合もあるかもしれませんが、このような会社と個人との間で財産を融通し合う行為には注意が必要です。これらの行為は会社への寄付や社長への報酬と判断され、思わぬ所に課税されてしまうこともあるからです。また、帳簿に用途を明記せず金銭や資産を持ち出した場合、経費として認められない上に使途秘匿金として40％上乗せ課税されることもあります。そのため、会社と個人の間ではお金の動きを明確にしておく必要があります。

法人成りした場合、社長の役員報酬をいくらに設定するのかということも節税対策の重要なポイントとなってきます。役員報酬の支給額によって、法人税が課税される儲けの部分が変動し、当然ながら税の負担も変わってくるからです。支給額を決める判断材料として、過去の実績などを参考に1年間の収入や経費などをシミュレーションしてみる必要があります。

中には「設立当初はしばらく様子を見て、決算のメドがついてから後で報酬を決めよう」などと考える人がいるかもしれません。しかし、法人の場合、事後的に都合のよい報酬金額を決めることはできません。役員報酬として認められる支給方法には法人税法上の制約があるからです。経費に算入できる役員報酬は「定期同額給与」と「事前確定届出給与」に該当するものだけです。他にも「利益変動給与」と呼ばれるものがありますが、小規模な法人には基本的に適用されません。これら以外の役員報酬を支給した場合は「損金不算入」となり、税務上は経費として認められず、その年の儲けに加算して税金が課せられることになります。

定期同額給与とは、たとえば月給制で毎月固定した金額を支給する場合など、1か月以下の一定期間ごとに同じ金額を支給する給与をいいます。定期同額給与の金額を変更できるのは、原則として、期首から3か月以内に一度だけです。つまり、決算後の定期株主総会などの時期に支給額を変更することが認められます。ただし、社長交代など役員の職制上の地位変更や業績悪化に伴う報酬改定については例外的に経費と認められます。無利息や低利率での金銭の貸付、低い家賃での社宅の提供など、金銭以外の「現物給与」とみなされる支給も、月額がおおむね一定であれば、定期同額給与として認められます。

事前確定届出給与とは、事前に税務署に届け出た額を支給する給与をいいます。役員賞与などがこれに該当します。事前確定届出給与は、

■ **定期同額給与と事前確定届出給与**

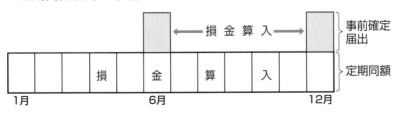

株主総会等で支給額を決議してから1か月以内に届出が必要です。

　以上が税法で認められている役員報酬ですが、これらの条件をクリアしたとしても、不相応に高額な報酬であれば認められない場合もあります。また、法人を設立する場合、登記費用、実印の作成、司法書士手数料など多少の費用と手間がかかります。資本金を1000万円以上に設定すると強制的に消費税の課税事業者となります。法人の設立時には、このような点にも注意する必要があります。

● 相続税対策のための法人設立について

　アパートやマンションのオーナーにとって相続は重要な関心事のひとつです。不動産は相続時の評価額に対して課税されますので、思いがけず高額の相続税がかかってくることもあります。それでは、法人を設立した場合、不動産の所有者は「法人」ということになるわけですが、相続税の扱いはどうなるのでしょうか。

　株式会社の場合、オーナー社長の相続人が会社の株式を相続することになります。株式も財産ですから、不動産と同様に相続税法上の評価額を計算します。会社が不動産を保有している場合は株式評価の一環として不動産を評価することになります。たとえば、評価額5000万円の不動産を会社が所有している場合、他の資産や負債がなければ、株式評価額も5000万円ということになります。株価は一株単位で計算しますので、1000株発行していたとすると一株あたり5万円（5000万円÷1000株）という評価額になります。もちろん、株式評価には、会社の規模や保有資産の内容などをもとにした厳密な計算方法がありますので、この事例はあくまでイメージと考えてもらえればと思います。

　このように、法人設立によって相続する不動産の評価が大きく変わるわけではありませんが、不動産が株式に変わることで相続財産の分割や次世代への移転が容易になるということができるかもしれません。

　また、財産の移転方法としては、子供に役職を与えて役員報酬を支

給することも考えられます。報酬として支給する現金には贈与税はかかりませんので、生前贈与を円滑に行うことが可能になります。これに適した法人の活用法として、不動産管理会社を設立する方法があります。相続人となる子供などの出資で、不動産のメンテナンスや家賃の回収などの管理業務を行う会社を設立します。オーナーは不動産で得た収入から管理会社へ管理費を支払います。これにより、収入が分散され、オーナーが保有する相続財産の増加を抑制すると共に、相続人となる子供の側でも相続税の納税資金を確保することができます。法人を設立することでオーナー1人に集中していた財産を合理的に分散させることが可能になるわけです。

● 一般社団法人を利用した相続対策

　現在では、一般社団法人という形態を利用した相続税対策もしばしば見受けられます。社団法人とは、2名以上の社員（構成員）が集まって作る団体で法人格が付与されたものです。一般社団法人は、こうした社団法人の一種であり、営利を目的としない法人です。現在では、事業目的に公益性がなくても、一般社団法人として法人格を取得

■ 法人設立のメリット

家賃収入 →（課税）→ 所得税　個人の必要経費を除いた所得に課税。収入に比例して税率が上がる。
家賃収入 →（収入）→ 個人（収入）

家賃収入 →（課税）→ 法人税　法人の必要経費を除いた所得に課税。比例税率なので収入に関係なく一定。
家賃収入 →（収入）→ 法人 →（課税）→ 所得税　給与所得控除を引いて課税。課税ベースが小さく負担が軽い。
法人 →（所得）→ 個人（所得）

することが可能です。一般社団法人に課される法人税は、その法人がどのような事業を行っているかによって異なります。一般社団法人が非営利型の法人（非営利型法人）である場合には、収益事業から生じた収益のみ法人税の課税対象となります。

アパートやマンションなどの不動産をオーナーから一般社団法人に移転する際には、その移転形態に応じて所得税、贈与税、相続税などの課税が行われます。したがって、その時点では税制上のメリットはありません。しかし、一般社団法人に資産を移転した後は相続税対策として有効と言われています。というのは、一般社団法人には株式会社における株式のような持分という概念がありません。そのため、いったん一般社団法人が取得したアパートやマンションなどの不動産は一般社団法人自体の帰属物であるものの、一般社団法人を支配していた者について相続が生じた場合でも法人持分の相続といったものが発生しません。仮にその後も親族が一般社団法人の経営を継続していく場合、アパートやマンションにかかる相続税を節税することが可能になるわけです。もっとも、一般社団法人に関する相続税については明確な規定がないため、現時点では節税のメリットがあると考えられていても、今後もその状況が続くとは限りませんので注意が必要です。

● 法人設立のデメリット

一方、法人設立のデメリットとしては、以下の点があります。

後ほど紹介する管理委託方式（次ページ）と違い、個人が所有していたアパートやマンションを法人の所有にするため、個人に対しては不動産の譲渡に伴う所得税が発生する場合があります。また、法人に対しては不動産の取得に伴う不動産取得税が発生します。法人には社会保険の加入義務も生じるため注意が必要です。

このように、法人設立は相続税の対策となる一方で、他の税金などが生じますので、慎重に検討しなければなりません。

不動産管理会社について知っておこう

どんなメリットがあるのかを把握してから活用を検討する

● 管理委託方式のしくみと活用する場合のポイント

　管理委託方式とは、家賃の収納代行や補修などの「管理」を行う会社を設立して業務を委託する方法です。後述するサブリースとの違いは、貸主と入居者との間で直接賃貸借契約が結ばれることです。つまり入居者の家賃は貸主の収入となります。貸主は、次ページ図のように、家賃収入から管理会社に対して管理費を支払います。また、身内の人を管理会社の役員にして給与を支払うことも考えられます。

　管理委託方式にすることで、所得を個人と法人に分散する効果があります。家賃収入については、これまで通り不動産所得として計算します。ただし、新たな費用として管理費を支払った分、不動産所得は少なくなります。したがって、管理費の設定金額次第で個人と法人間での税金の負担は変わってきます。金額は自由に決めることができますが、客観的に見て業務に釣り合わないような金額は避けるべきです。

　管理委託方式の注意点としては、管理会社と貸主の業務内容をきちんと線引きし、あいまいにならないようにするということです。貸主と管理会社という2つの立場があるため、お金や帳簿、書類も別に管理する必要があります。また、管理業務を委託されている事実を明らかにするために、貸主と管理会社との間で業務委託契約書を作成しておく必要があります。さらに、委託された業務を遂行した事実を確認できるものとして、管理会社側で日々の業務に関する業務日誌や作業リストなどを作成しておくとよいでしょう。当然、管理会社における法人税申告なども必要となりますので、その点も考慮して法人の活用を考えます。

●サブリース方式のしくみと活用する場合のポイント

　サブリース（一括借上）方式、不動産管理会社やハウスメーカーが賃貸物件を長期間一括で借り上げて一般入居者に転貸する契約です。一括で借り上げてもらえるので、入居者募集や賃貸管理の手間が省けますし、万が一空室が出てしまっても借上家賃（不動産管理会社から賃貸人に支払われる金銭）を受け取ることができます。ただ、サブリースにもデメリットがあります。たとえば、サブリースの契約を締結してから数か月間は賃貸人に借上家賃が支払われないという免除期間が設定されていることがあります。また、契約更新時には賃貸状況にあわせて借上家賃を改定する場合が多いため、減額改定されると賃貸人の収入が減少することになります。さらに、サブリース契約の内容として「リフォーム費用は賃貸人が負担しなければならない」「月額家賃の10％を管理報酬として不動産管理会社に支払わなければならない」など、賃貸人の金銭的な負担が当然発生します。そのため、将来的に借上家賃がどれほど減少するのか、費用負担がどれほど発生するのかということを踏まえて、サブリースの活用を検討するのがよいでしょう。

■ 管理委託方式

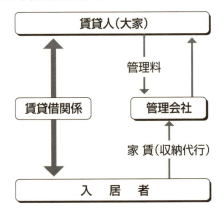

・賃貸人は入居者から家賃を受け取るが、管理会社が家賃収納代行などの管理を行うことができる

・賃貸人は管理の対価として「管理料」を管理会社に支払う。管理料が管理会社の収益

● サブリース方式のリスクと税務上の問題

　サブリースの場合、管理会社は管理料や保証料という名目で満室時家賃の10～20％を差し引くことになります。

　つまり、賃貸人の立場からすると、たとえば家賃が10万円に設定されている物件であっても実際に受け取ることができる契約家賃は8～9万円になり、管理会社に対しては保証料を支払わなければなりません。賃貸物件が都心エリアにある場合や築浅物件の場合には空室のリスクが少ない優良物件となることが多いので、サブリースではなく直接賃貸した方がよいという判断もあり得ます。また、建物のオーナー（賃貸人）である個人が「サブリース法人」を設立するという方法もあります。この場合、まずオーナーから法人へ不動産を賃貸し、入居者はこの法人と賃貸契約を交わすことになります。

　サブリース契約の場合、管理料も法人の収入となるため、オーナーの所得はその分軽減されます。法人化することにより個人経営と比べて結果的に建物のオーナー（賃貸人）にとって節税となることがありますが、管理会社としての実態が認められない場合には税務署から否認されてしまう危険もあります。契約書など実態を示す書類を適切に準備しておくと共に、オーナーが受け取る借上家賃、サブリース法人の管理料収入や人件費といった項目について相場を調べ、税務調査に対応できるように準備しておかなければなりません。

● 倒産した場合の対処や解約が難しい

　サブリース契約はたとえ空室が出ても契約家賃が支払われるというメリットがありますが、管理会社も民間企業ですので倒産するおそれがあります。万が一管理会社が倒産してしまうと契約家賃を支払ってもらえない上に、管理会社が入居者から預かった敷金が戻ってこなくなる可能性もあります。

　また、賃貸人の都合でサブリース契約を解除する場合には違約金を

支払わなければならないこともあります。「管理会社にきちんと対応してもらえなかった」という理由であっても賃貸人側の都合で契約を解除したことになります。

新たに管理会社を見つけようとしても別の管理会社が見つかるとは限りません。当初のサブリース契約時には新築であっても、解約して別の管理会社に依頼する際には中古物件となっています。同一条件での契約は難しいことも想定しながら、管理会社を十分に比較検討する必要があります。

● **家賃の見直しをめぐるトラブルがある**

順調に契約家賃が入り、ローン返済も進んで、安定した不動産経営が続くかと思われた矢先に、賃料相場の下落が起きてしまったということも当然に起こり得ます。

サブリース会社のうたい文句は「30年一括借り上げ」となっていても、多くの業者ではサブリース契約は通常2～3年ごとに更新され、

■ **サブリースのしくみ**

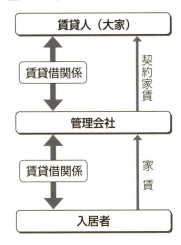

・管理会社は、建物全体を一括して賃貸人から借り上げ、入居者に転貸（又貸し）する
・入居者から家賃を得ながら、賃貸人に契約で定められた「契約家賃（借上家賃）」を支払う
・空室や家賃滞納があっても、賃貸人には「契約家賃」が確実に入る

そのつど家賃の見直しなど、条件の変更をしなければなりません。

賃貸市場での需給の悪化や契約物件の老朽化によりサブリースの借上家賃が相場に比べて割高になるとサブリース会社から借上家賃の値下げ改定を通知されることがありますので注意が必要です。

● 不動産所有方式のしくみと活用する場合のポイント

不動産所有方式とは、不動産そのものを法人の所有にして、家賃の受け取りから賃貸管理まですべてを法人経営で行うことをいいます。つまり、この場合、入居者と法人との間で賃貸借契約が締結されます。また、法人オーナーは自身に役員報酬を支給することも考えられます。したがって、役員報酬額の設定により、税金の負担も変わってくることになります。

個人で所有していた不動産を法人に移転するときには少し注意が必要です。個人と不動産管理法人は互いに独立した存在であるため、ただ名義を変更するだけでは個人から法人へ「無償で譲渡した」ということになり、課税されてしまうからです。そのため、時価をもとにした適正な価格で個人から法人への売買契約を締結し、法人へ登記を移す必要があります。

土地と建物がある場合は、たとえば土地は個人のもの、建物は法人のものと所有者を分けて運営する方法もあります。土地は売却時の含み益が大きくなってしまう場合もありますが、建物は年数の経過と共に価値が減少するため、法人で用意する購入資金も比較的少なく済みます。ただし、土地の所有者は個人のままであるため、法人は個人から「借地権」（土地を借りる権利）を取得したことになります。無償で借地権を取得したとすると、当然ながら課税されることになります。個人と法人の間で借地権設定に関する契約を締結し、借地権の価格に相当する金銭を授受するなど、一定の手続きにより、このような権利金の認定課税を回避することが可能です。

3 消費税の基本的なしくみについて知っておこう

消費税の計算方法を把握しておく

● 消費税とはどんな税金か

　消費税とは、「消費をする」という行為に税を負担する能力を認め、課される税金です。「消費をする」とは「物を購入する」「賃貸する」「情報などのサービスを受ける」などの行為をいいます。税を負担するのは法人・個人に関わらず消費行為をした消費者です。税金は、消費者から商品やサービスの代金と一緒に徴収されます。

　消費者から商品やサービスの代金と一緒に徴収された消費税ですが、実際には誰が納付するのでしょうか。実は税金を徴収した店や会社が納付することになります。このように税の負担者が直接納付せず、負担者以外の者が納付するしくみの税金を間接税といいます。

　消費税の税率は、平成26年4月以降は8％（国税6.3％、地方税1.7％）です。平成31年10月以降は10％（国税7.8％、地方税2.2％）に引き上げられる予定です。

　事業を営む店や会社など（事業者）は消費税を納める義務を負うことになりますが、すべての事業者がこれに該当するわけではありません。一定の小規模事業者に対しては、申告業務の煩雑さを考慮して、消費税の納税義務が免除されます。納税義務が免除されるためには、前々年度（基準期間）の課税売上高が1000万円以下という判定基準をクリアする必要があります。この基準を満たす個人や法人の事業者（免税事業者）は、消費税を納める義務が免除されます。

　ただし、この免除には特例があります。まず、設立2年以内の法人（新設法人）については、基準期間がありませんので判定基準はクリアしているといえます。しかし、期首の資本金額が1000万円以上の場

合には、納税義務の免除は認められません。なお、平成25年度の税制改正により、平成26年4月1日以降設立される法人については、課税売上高5億円超の法人等に支配されている場合などについても納税義務が免除されません。

次に、特定期間における課税売上高が1000万円を超える個人や法人の事業者については、この場合も納税義務は免除されません。特定期間とは、簡単にいうと前年度開始から6か月間をいいます。ただし、特定期間における課税売上高にかえて、給与等の支払金額で納税義務の判定をすることができます。

● 非課税取引とは

消費税の課税対象となる取引のうち、その性格上課税することが適当でない、もしくは医療や福祉、教育など社会政策的な観点から課税すべきではないという理由により消費税が課されない取引があります。

本来は課税取引に分類される取引ですが、特別に限定列挙して課税しないという取引です。これを非課税取引といいます。不動産業に関

■ 消費税のしくみ

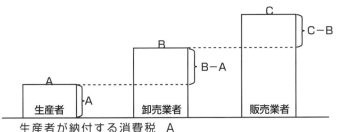

生産者が納付する消費税　A
卸売業者が納付する消費税　B−A
販売業者が納付する消費税　C−B
納付される消費税の合計　=A+(B−A)+(C−B)
　　　　　　　　　　　　=C
　　　　　　　　　　　　=最終消費者が負担する消費税

係する取引では、土地の譲渡及び貸付が消費税の性格上課税することが適当でないものとして、住宅の貸付が社会政策的な配慮として非課税取引とされています。なお、一括借り上げで不動産管理会社などに住宅を賃貸する場合には注意が必要です。消費税が非課税となるためには、契約において居住の用に供することが明らかであるという要件を満たさなければなりません。したがって、一括借り上げの賃貸借契約書には、居住用の貸付として転貸する旨を明記しておくようにしましょう。また、居住用であっても貸付期間が1か月未満の場合やウィークリーマンション、民泊での貸付などは課税取引となりますので、合わせて注意が必要です。

● 不動産賃貸ではどんな金銭に消費税がかかるのか

不動産賃貸業に関係する収入では、建物の譲渡、事務所や店舗など事業用物件の貸付や駐車場の貸付などが、消費税が課税される取引として考えられます。

■ 非課税取引

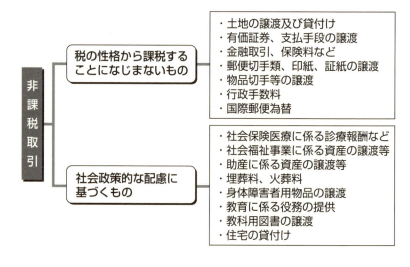

一方、経費や支出では、修繕費、管理費、広告宣伝費、消耗品費、水道光熱費、通信費、交際費、建物の建築費用などが課税される取引として挙げられます。ただし、これらの中にも場合によっては非課税となるものが含まれている可能性があります。たとえば、交際費として処理されている支出の中でも祝金や香典などは非課税となります。このような消費税が課税されない費用や支出の例としては、租税公課、公共サービスの手数料、減価償却費、保険料、借入利子、給与などが挙げられます。

● 原則課税方式と簡易課税方式

　消費税の計算方法には、「原則課税方式」と、概算で簡略に計算する「簡易課税方式」の2つの方法があります。

　「原則課税方式」では、事業者が納付する消費税額は、課税期間中に預かった消費税から支払った消費税を差し引いて計算します。具体的には、売上に含まれる消費税と仕入や経費に含まれる消費税をそれぞれ算出しますが、このとき非課税取引を行うために使った仕入や経費に含まれる消費税は除外して計算します。

　「簡易課税方式」も基本的に同様ですが、課税売上高に対する消費

■ 簡易課税制度が適用される条件

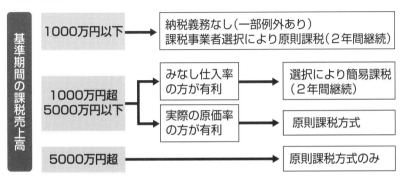

税額にみなし仕入率という原価率を乗じた金額を、仕入や経費に含まれる消費税額とみなします。みなし仕入率は業種ごとに定められており、不動産業のみなし仕入率は売上の40％です。

原則課税方式の場合、仕入や経費についても課税取引か否かの判定が必要ですが、簡易課税方式では売上にのみ注目すればよいので、計算の手間がかなり簡略化できます。ただし、たとえば増改築や大規模修繕など多額の設備投資を行ったなどの理由により、負担した消費税が預かった消費税を上回る場合、原則課税方式を採らなければ消費税は還付されません。

簡易課税制度は、「基準期間における課税売上高」が5000万円以下である事業者が選択することで適用されます。個人経営のような形でアパート経営を行う場合には、簡易課税方式で計算した方が事務負担を減らすことができます。また、簡易課税制度は一度選択すると２年間継続して適用されます。

■ **原則課税と簡易課税の計算方法**

●原則課税方式

事業者の支払う消費税の納付税額 ＝ 売上に含まれる消費税額 － 仕入に含まれる消費税額

●簡易課税方式

事業者の支払う消費税の納付税額 ＝ 売上に含まれる消費税額 － 仕入控除税額

※仕入控除税額は、課税売上高に対する消費税額にみなし仕入率を乗じて計算します。

※簡易課税方式は基準期間における課税売上高が5000万円以下の事業者が対象
　業種ごとの「みなし仕入率」の割合は以下の通り

第１種事業(卸売業)：90％　第２種事業(小売業)：80％　第３種事業(製造業等)：70％
第４種事業(その他の事業)：60％　第５種事業(サービス業等)：50％
第６種事業(不動産業)：40％

アパート・マンション経営では消費税の還付を活用しよう

消費税が還付される場合がある

● 消費税の還付

　アパート・マンション経営を行う者には消費税の申告も関係してきます。事業者の前々年の課税売上高が1000万円を超えると、あるいは前年期首から6か月（個人の場合は1月1日から6月30日）の課税売上高が1000万円を超えると、一部の例外を除き（247ページ）、消費税の申告義務があります。ただし、家賃収入は消費税が非課税のため、申告義務が生じないケースの方が多いようです。

　申告義務がない場合でも、建物の購入など多額の支出があった年には申告することにより消費税が還付される場合があります。しかし、申告書を提出するだけでは、還付を受けることはできません。申告義務がない「免税事業者」の場合、事前に「消費税課税事業者届出書」を税務署に提出し、消費税の課税事業者になっておく必要があります。提出期限は、その還付を受けたい年度の前年度中です。ただし、いったん課税事業者となった場合、2年間継続適用されるため、届出を出す前に翌年度、翌々年度までシミュレーションを行うなど、慎重に検討する必要があります。

　また、増改築や修繕が多かったとしても、すべての課税事業者が還付を受けられるわけではありません。消費税の計算方法には前述の通り原則課税方式と簡易課税方式という2つの方法があります。簡易課税方式は、課税売上高に対する消費税額の一定割合を仕入や経費に含まれる消費税額とみなすという簡便な計算方法です。課税売上高に対する消費税額を基本にしてみなし仕入率を掛ける計算方法であるため、臨時的な支出は反映されず、また、申告すべき消費税がマイナスにな

ることは通常ありません。したがって、この方式を選択している場合は改築や大規模修繕などの臨時的な支出による還付を受けることはできません。簡易課税方式は、いったん選択すると２年間は継続適用となるため、翌年以降の予定も検討してから選択する必要があります。

● 建物取得にかかった消費税の還付

　消費税が還付される例として、賃貸アパートを建築した初年度のケースを考えてみましょう。甲氏は賃貸用アパートを建築し、７月から１階を店舗、２階および３階を住居として計３室貸し出すことにしました。事業を開始した初年度であるため免税事業者でしたが、税務署に適切に届出を行って課税事業者を選択しています。今年度の収入、支出は以下のとおりです。なお、説明を簡略化するため、ここでは地方消費税を含めて８％の税率で表示しています。

・収入
　店舗 月額20万円×６月＝120万円（別途消費税９万6000円）
　家賃 月額15万円×６月×２室＝180万円（非課税）
・支出
　建築費
　店舗部分 2000万円（別途消費税160万円）
　住居部分 4000万円（別途消費税320万円）

　まず消費税の計算方法を簡単に説明します。消費税は顧客などから預かった税金から事業者が負担した税金を差し引いた残額を納めるしくみになっています。ただし負担した税金（仕入税額）のうち、非課税売上に対応する部分は差し引くことができませんので、課税売上に対応する仕入税額（控除仕入税額）を一定の計算方法で算出します。

　この控除仕入税額を算出する方法には、仕入税額を売上目的別にあ

らかじめ分類しておく「個別対応方式」と、仕入税額全体を「課税売上割合」（課税売上と非課税売上の合計のうち課税売上の占める割合）で按分する「一括比例配分方式」との2種類があります。

まず、個別対応方式の場合で計算してみましょう。前ページの具体例では建築費が店舗にかかった部分と住居にかかった部分に分類されています。住居の家賃は非課税売上であるため、店舗にかかった部分のみが課税売上にかかった建築費ということになります。したがって、控除できる消費税額は160万円であるため、甲氏が納めるべき税金は9万6000－160万＝△150万4000となります。

このように負担した税金が預かった税金より多く、マイナスになる場合は、国から税金の還付を受けます。よって個別対応方式で計算した場合、消費税は150万4000円の還付という結果になります。次に、一括比例配分方式の場合、仕入税額全体に課税売上割合120万÷（120万＋180万）＝40％を掛けて計算します（課税売上割合は税抜で計算します）。消費税額は9万6000－（160万＋320万）×40％＝△182万4000となり、182万4000円が還付されます。

具体例は簡略化しており、実際の消費税はもう少し複雑な計算となりますが、このように個別対応方式と一括比例配分方式とでは還付税額も異なった結果になります。一般的には、非課税の収入に対応する経費が多い場合、一括比例配分方式を選択する方が有利になることが多くなります。一括比例配分方式の選択には、特に届出などは必要ありませんが、いったん選択すると2年間継続適用となります。

● 課税売上の割合が95％以上の場合

課税売上の割合が95％以上であれば、一定の要件を満たす場合を除き、経費にかかった消費税はすべて控除されます。アパートを建築した初年度の例を見ると、以下のようになります。

> - 収入
>   店舗 月額20万円×6月＝120万円（別途消費税9万6000円）
>   家賃 月額6万円×1月＝6万円
> - 支出
>   建築費
>   店舗部分 2000万円（別途消費税160万円）
>   居住用部分 4000万円（別途消費税320万円）

　課税売上割合は、120万÷（120万＋6万）＝95.23…％≧95％となるため、建築費にかかった消費税が全部控除されます。したがって消費税の計算は、9万6000－（160万＋320万）＝△470万4000円となり、470万4000円が還付されることになります。

　家賃収入がある場合、通常であれば課税売上割合は低くなりますが、事業開始初年度では、事例のように店舗や駐車場収入の割合が多いなど、収入の形態がイレギュラーなケースがあるかもしれません。課税売上割合が95％以上の場合、支出や費用にかかる消費税は全額控除されるので、還付を受ける場合、納税者に有利な計算となります。ただし、この全額控除の制度は、課税売上高が5億円を超える事業者については適用されません。

■ ケースで見る消費税の還付

$$\frac{120万円}{(120万円＋6万円)} = 95.23\cdots ≧ 95\%$$

課税売上割合

↓ 仕入等にかかる消費税額は全額控除

9万6000円－（160万円＋320万円）＝ △470万4000円 …消費税の還付額

【監修者紹介】

北川　ワタル（きたがわ　わたる）

公認会計士・税理士・経営革新等支援機関。2001年に公認会計士二次試験合格後、監査法人トーマツ、太陽監査法人にて金融商品取引法監査、会社法監査に従事。上場企業の監査の他、リファーラル業務、IFRSアドバイザリー、IPO支援、デューデリジェンス、学校法人監査、金融機関監査等を経験。マネージャー及び主査として各フィールドワークを指揮するとともに、顧客セミナー、内部研修等の講師、ニュースレター、書籍等の執筆にも従事した。監査法人時代より、タイ、シンガポール、マレーシア、中国（香港、上海、昆山、深圳）、ミャンマーなど海外への出張も多く、現地工場や販社における原価計算、在庫管理、債権管理、資金管理等の検証、各国制度に関する情報収集に努めた。2012年、株式会社ダーチャコンセプトを設立して独立。スタートアップの支援からグループ会社の連結納税、国際税務アドバイザリーまで財務会計・税務を中心とした幅広いサービスを提供。自身でもアパート1棟を所有する他、店舗の賃貸、Airbnb、HomeAwayを活用した4物件の民泊運営経験を有する。
共著として『重要項目ピックアップ　固定資産の会計・税務完全ガイド』（税務経理協会）がある。

服部　真和（はっとり　まさかず）

1979年生まれ。京都府出身、中央大学法学部卒業。京都府行政書士会所属（副会長）特定行政書士。服部行政法務事務所所長。シドーコンサルティング株式会社代表取締役。経済産業省認定　経営革新等支援機関。総務省電子政府推進員。NPO法人京都カプスサポートセンター理事長。新規事業創出を積極的に支援し、公的融資や補助金を活用した資金調達をはじめ、資金繰り・経営改善支援、権利関係を適切に処理する契約書や諸規程の作成、その他許可申請などの行政手続きを通して企業活動のサポートを行っている。
主な監修書に『ネットビジネス・通販サイト運営のための法律と書式サンプル集』『最新版　許認可手続きと申請書類の書き方』『最新　ネットトラブルの法律知識とプロバイダへの削除依頼・開示請求の仕方』『ネットビジネス・通販サイト運営のための法律知識』『飲食業開業・許認可申請手続きマニュアル』『最新　飲食業の法律問題と実務マニュアル』『中小事業者のための建設業許可申請と経営事項審査手続きマニュアル』『実家の空き家をめぐる法律問題と対策実践マニュアル』『ネットの法律とトラブル解決法がわかる事典』（小社刊）がある。

服部行政法務事務所
http://www.gyoseihoumu.com/

すぐに役立つ　入門図解
最新　アパート・マンション・民泊
経営をめぐる法律と税務

2017年9月10日　第1刷発行

監修者	北川ワタル　服部真和
発行者	前田俊秀
発行所	株式会社三修社
	〒150-0001　東京都渋谷区神宮前2-2-22
	TEL　03-3405-4511　FAX　03-3405-4522
	振替　00190-9-72758
	http://www.sanshusha.co.jp
	編集担当　北村英治
印刷所	萩原印刷株式会社
製本所	牧製本印刷株式会社

©2017 W. Kitagawa & M. Hattori Printed in Japan
ISBN978-4-384-04762-2 C2032

JCOPY〈出版者著作権管理機構　委託出版物〉

本書の無断複製は著作権法上での例外を除き禁じられています。複製される場合は、そのつど事前に、出版者著作権管理機構（電話 03-3513-6969　FAX 03-3513-6979　e-mail: info@jcopy.or.jp）の許諾を得てください。